何以敦煌

历史、画塑和遗书

胡戟　傅玫
著

济南出版社

图书在版编目（CIP）数据

何以敦煌：历史、画塑和遗书 / 胡戟，傅玫著.
济南：济南出版社，2025.5. -- ISBN 978-7-5488
-6873-6

Ⅰ．K928.6

中国国家版本馆 CIP 数据核字第 2024ND8160 号

何以敦煌：历史、画塑和遗书
HEYI DUNHUANG: LISHI HUASU HE YISHU
胡戟　傅玫　著

出 版 人	谢金岭
责任编辑	范玉峰　李　敏　张冰心
装帧设计	胡大伟

出版发行　济南出版社
地　　址　山东省济南市二环南路 1 号（250002）
总 编 室　0531-86131715
印　　刷　济南新先锋彩印有限公司
版　　次　2025 年 5 月第 1 版
印　　次　2025 年 5 月第 1 次印刷
开　　本　155mm×230mm　16 开
印　　张　16.25
字　　数　159 千字
书　　号　ISBN 978-7-5488-6873-6
定　　价　78.00 元

如有印装质量问题 请与出版社出版部联系调换
电话：0531-86131736

版权所有　盗版必究

《狩猎图》（西魏） 莫高窟第 249 窟主室北披

画面中一人骑马回头射杀白虎，另有一人骑马追逐前面的三头野鹿，场面十分惊险。山峦小于人物，以不同的颜色染出，具有凹凸的效果，同时画出远山，表现出空间感。（本书插图均为敦煌研究院供图）

《文选·运命论》残卷（隋） 莫高窟藏经洞

首尾俱残，起"之而弗为"，讫"史策毁誉"。此卷使用黄麻纸，卷长 42.4 厘米，卷高 28.3 厘米。天头 3.3 厘米，地脚 3 厘米，乌丝栏，栏宽 1.9 厘米。残卷无注，书法劲秀，类隋与初唐楷书。"渊"字不避唐讳，可证其为隋代所书。残卷抄写年代，早于广为流行的唐李善《文选》注本，内容更接近于原著。卷中有几处雌黄改字，并有补漏文字，说明经过校勘。卷子前后分别钤"任子宜""任录子宜"阳文印。

《张骞出使西域图》（初唐）　莫高窟第 323 窟主室北壁

这幅壁画表现汉武帝获得匈奴祭天金人像后派张骞出使西域的故事。故事情节主要分为四幅小图，呈"凹"字型排列，每个画面有清晰的榜题，右上为汉武帝在甘泉宫拜金像，底部是张骞辞别汉武帝及行进途中的情景，左上角两幅小图是张骞所遣副使经过千山万水最终抵达大夏国。

《散花飞天》（盛唐）　莫高窟第 320 窟主室南壁

这幅飞天是敦煌壁画中飞天的上乘之作。这四身飞天每两身一组，一身在前，一身在后，前者回首顾盼，扬手散花，后者举臂腾飞，追赶嬉戏，充满了欢乐、自由、吉祥的气氛。

《观无量寿经变之反弹琵琶乐舞》（中唐） 莫高窟第112窟主室南壁

图中的反弹琵琶伎乐天是莫高窟同类题材中的佼佼者，她反背琵琶，踏足而舞，舞带展卷，神情自然沉着。两旁的伎乐分别演奏箜篌、琵琶、横笛等乐器，通过舞乐表现了欢乐气氛。

北　壁

《十一面千手千眼观音变》（元）　莫高窟第003窟主室

此密宗题材壁画代表着元代线描艺术的卓越成就。画面分别绘出观音菩萨温和、慈悲和愤怒之相。千手排列成圆圈，形如光轮，每只手中均绘有一只眼睛。帝释天、大梵天、辩才天、婆薮仙、毗那夜迦和火头金刚等眷属围绕，还有飞天持花供养。壁画作者综合了北魏、隋唐以来的线描技巧，以遒劲的铁线描勾勒出颜面、手、臂和足踝，又以生动的兰叶描、折芦描等描法画出繁复的衣褶和飘带，造型准确，色彩淡雅，质感很强，人物神态端庄。

南 壁

《归义军衙府酒破历》（首段）（宋）　莫高窟藏经洞

此卷为敦研001号，它同青山庆示捐献的敦研369号、法藏伯2629号可以缀合，此为第一段。此卷使用粗白麻纸，卷长24厘米，卷高30厘米。天头1厘米，地脚残缺，无界栏，行宽2厘米。

这是一份敦煌当地归义军衙府公务用酒的"流水账"。这份《归义军衙府酒破历》记录了从北宋乾德二年四月九日至十月十六日的213笔支出。其中，不仅记载了敦煌政府与周边各国的外交活动，还记载了节假日欢庆活动、礼仪大典的祭祀用酒等。这份《酒破历》实际为晚唐时期写下的《金刚经注疏》的反面。卷中有两方"归义军节度使新铸印"（其中一方只剩半边字），阳文，纵长方形，纵6厘米，横5.7厘米。

目 录

| 序说　什么是敦煌学 / 1

| 第一章　敦煌的地理历史文化背景 / 9

　　一、河西与敦煌的地理、气候 / 11

　　二、河西敦煌一带早期人文地理概况 / 12

　　三、"张骞凿空"与敦煌设郡 / 14

　　四、敦煌学产生的深厚基础
　　　　——汉魏中原文化在河西的传播与发展 / 20

　　五、佛教的创立与东渐 / 24

　　六、魏晋之际佛教在敦煌的传播（220—317）/ 37

| 第二章　敦煌画塑 / 41

　　一、十六国时期的敦煌及画塑
　　　　（353或366—442）/ 42

　　二、北魏时期的敦煌及画塑（442—534）/ 52

　　三、西魏时期的敦煌及画塑（535—557）/ 62

　　四、北周时期的敦煌及画塑（557—581）/ 67

　　五、隋代的敦煌及画塑（581—618）/ 72

　　六、初唐的敦煌及画塑（618—705）/ 81

　　七、盛唐的敦煌及画塑（705—781）/ 91

　　八、中唐吐蕃时期的敦煌及画塑（781—848）/ 102

九、晚唐归义军张氏政权时期的敦煌及画塑
　　（848—914）/ 108

十、五代归义军曹氏政权前期的敦煌及画塑
　　（914—960）/ 115

十一、北宋归义军曹氏政权后期的敦煌及画塑
　　（960—1036）/ 120

十二、西夏时期的敦煌及画塑（1036—1227）/ 123

十三、蒙古、元代的敦煌及画塑（1227—1372）/ 127

十四、明清时期的敦煌（1372—1644—1911）/ 129

十五、20世纪的敦煌和敦煌学 / 131

第三章　敦煌遗书 / 133

一、藏经洞的封闭和发现 / 134

二、遗书的流散和被劫掠 / 136

三、遗书的内容与学术价值 / 150

四、国内外敦煌遗书的收藏和研究情况 / 231

序说　什么是敦煌学

自1990年敦煌莫高窟藏经洞被发现后，这座人类文化宝库受到举世瞩目，中外学者共同开拓了一门全新的交叉性学科，称为敦煌学。

敦煌学特有的研究资料，主要是两大类：一类是石窟寺遗存，主要是敦煌莫高窟，其次是瓜州榆林窟、西千佛洞、东千佛洞和肃北五个庙，这些都是古敦煌郡范围内的石窟，内容分雕塑、壁画、题记、碑刻、建筑几个部分；另一类是莫高窟石室遗书，主要是第17窟（藏经洞）所出遗书，还有第464窟发现的回鹘文写本，1944年8月莫高窟中寺后园土地庙残塑中发现的写卷，统称敦煌遗书、敦煌卷子，内容分宗教经典和世俗文书两部分。此外，敦煌学的研究资料还应包括藏经洞所出的织绣、绘画、幢幡等佛教法物以及敦煌汉简和敦煌地区的古墓葬、出土文物、长城烽燧、城堡、古代居民住地遗址和乡土文献等。

莫高窟又名千佛洞，位于原敦煌县（今敦煌市）城东南25公里大泉西侧鸣沙山崖壁上。始凿于4世纪中叶十六国时期的前秦建元二年（366），时当东晋太和元年。以后历代开窟，至唐代极盛时达五六百窟。现存洞窟绝大多数是5世纪十六国晚期北凉时代到14世纪元代开凿的，前后历时千年，目前编号至492。按各窟初凿年代计，有十六国时开的窟7个，北魏窟15个，西魏窟7个，北周窟15个，隋窟94个，唐窟279个（其中初唐窟47个，盛唐窟96个，中唐窟55个，晚唐窟71个，未能断代分期的10个），五代窟25个，宋窟16个，西夏窟17个，元窟8个，还有清窟2个，年代不明的6个，窟号编重1个。因为有些洞窟是跨代建成的，又有的洞窟经后代一再重修，以致有些壁画多达三四重，所以分别统计有各代壁画雕塑的洞窟数字，要比上述为多。更兼关于某些洞窟如何断代的问题，各家学术观点尚有分歧，因而各种统计方法所得数字不尽相同。莫高窟这492个窟里有彩塑3000余身、壁画45000余平方米，展示开来，可布置成长达二三十公里的大画廊。莫高窟还保存有唐宋木构窟檐5座。

西千佛洞距原敦煌县城37公里，位于南湖西两公里多的党河北岸，因在莫高窟千佛洞之西南，故名"西千佛洞"。其开窟年代不详。今窟群遗迹绵亘2.5公里，当初规模可能不在莫高窟以下，唯因地处党河转折处，河水冲激，窟多崩毁，现仅余19窟，内有几个北周时期凿的窟。另外在南湖店临党河处还有3窟。

东千佛洞又名水峡口石窟、小千佛洞，位于原安西县（今瓜州县）东南约100公里的峡谷中河床两岸，是西夏和西夏以后开凿的，以表现密宗内容为主的佛教石窟。现存23个洞窟，多为覆斗顶或穹窿顶的单室窟,其中有壁画、塑像的洞窟仅8个。现壁画多已塌毁脱落,塑像又在清代改妆,4个窟的前檐建筑也已被拆毁不存。

榆林窟又名万佛峡,位于原安西县西南75公里的榆林河(踏实河)两岸。榆林窟初凿年代已无文字可考,据窟形分析,当在唐代初期。现东崖存31窟,西崖存11窟。保存唐代至元代的壁画千余平方米,彩塑百余身,风格和莫高窟相近。

五个庙石窟位于肃北蒙古族自治县城北20公里党河上游的狼湾,在莫高窟西南,两窟相距80公里,古有马道相通。蒙语称窟为庙,"五个庙"即"五个窟"。现在仅存22窟,多数已残,在较完整的4个窟中,北魏中心柱式窟1个,五代北宋曹氏归义军时期窟3个,都有西夏、元代重绘的壁画。

藏经洞位于莫高窟第16窟甬道北壁,是坐北朝南的一个侧室,晚唐建,编号第17。窟高仅两米多,面积不过一丈见方。清光绪二十六年(1900)发现该窟时,洞内堆满经卷、文书、法物。卷子都用白布包着,十来个卷子一包,重重叠叠堆放着,总数据今人统计约有四万六七千件,是从魏晋十六国到北宋时的遗物。大部分是汉文卷子,还有藏文、回鹘文、突厥文、于阗文、龟兹文、粟特文、康居文、梵文的卷子。其中宗教经卷占大多数,约有32000个卷号,其他为世俗文书。绝大多数遗书是写本,也有少数刻本即雕版印刷品,其中有著名的唐咸通九年(868)刻的《金刚经》,是迄今发现的世界上最早的印刷品之一。全部遗书都是印刷术发达以前的写本和早期刻本,故弥足珍贵,堪称举世无双的文化瑰宝!

敦煌莫高窟这座宏伟瑰丽的艺术宝库于1987年被联合国教科文组织列入《世界遗产名录》，其中收藏的古代雕塑、壁画、装饰图案、建筑、书法、刺绣等大量作品，是研究我国美学史、美术史、建筑史、书法史、音乐舞蹈史以及生产生活、衣食住行等古代文化各个方面的珍贵实物资料。敦煌遗书内容更涉及宗教、政治、经济、军事、哲学、文学、民族、民俗、语言、历法、数学、医学、占卜及中外文化交流等广泛的领域，是研究我国和中亚历史难得的文献。

藏经洞宝库自1900年6月22日（清光绪二十六年农历五月二十六日）被打开以后，首先受到我国学者的重视和高度评价。著名金石学家叶昌炽是第一位对敦煌卷子进行鉴定和评介的专家。清光绪二十八年（1902）正月他就任甘肃道学政视学甘肃时，了解到藏经洞的情况，并收集到一些写经卷子，他把这补入了自己此行之前已经脱稿的《语石》一书中，说："敦煌县千佛洞，即古之莫高窟也。洞扉封以一丸泥，十余年前土壁倾陊，豁然开朗，始显于世。中藏碑版经像甚夥，楚北汪栗庵大令宗翰，以名进士作宰此邦，助余搜讨，先后寄贻宋乾德六年水月观音画像，写经卷子本、梵叶本各二，笔画古拙，确为唐经生体，与东瀛海舶本无异。"《语石》是清宣统元年（1909）三月，即该书写定后八年才在他几位友人的支持下刊印的。八月，罗振玉、王国维、蒋斧、董康等一批国内学者从伯希和手中看到了一些敦煌卷子，消息传出，学界轰动，于是介绍研究敦煌的著述接踵而出。1909年罗振玉发表《鸣沙山石室秘录》《西州图经跋》《敦煌石室书目及发现之原始》等论著，编《敦煌石室遗书》十一种，王仁俊著《敦煌石室真迹录》；1910年蒋斧撰《鸣沙石室古籍丛残影印本题记》；1911年孙毓修撰《唐写本公牍契约考》，刘师培撰《敦煌新出唐写本提要》；1913年罗振玉又编《鸣沙石室佚书》，著《星占书跋》和《阴阳书跋》，王国维著《唐写本春秋后语背记跋》和《唐写本兔园册府残卷跋》。这些都是早期刊布和研究敦煌遗书的专著。事实证明，敦煌写卷一到我们学者手中，学者们马上就识别出其学术上的价值，并开展了研究工作。

在西方资本主义国家的"探险家""考察队"中，最先来到敦煌对遗书下手的是俄国人奥勃鲁切夫，1905年10月，他从敦煌骗购了两驮多种文字的写本和绘画。奥勃鲁切夫在他所写的《一个盗宝人的日记》（又译为《荒漠寻宝》）中，用第一人称写法叙述了这一事实，那两驮写本辗转成为今俄藏敦煌写本的来源之一。过了两年，1907年3月，英籍匈牙利人斯坦因闻风来到敦煌，贿买二十四箱文书和五箱绘画织绣艺术品。1914年他再来敦煌，又骗购了五箱写卷。1908年，法国东方学家伯希和赶到敦煌，他曾师从沙畹学汉文，能看懂卷子，尽选有题名纪年的精品。他还将洞窟编号，全部拍了照片。1908年他在《法国远东学院学报》上发表《甘肃发现的一个中世纪文库》，中译本题为《敦煌石室访书记》，介绍他从敦煌弄到文书的情况，这篇文章和1909年斯坦因在《地学杂志》发表的《中亚探险》、在《印度考古杂志》发表的《中亚探险概况》，是国外最早关于敦煌遗书的报道。继斯坦因、伯希和之后来的，还有1911年10月到敦煌的日本大谷光瑞探险队的橘瑞超和吉川小一郎，1914年到敦煌的俄国人奥登堡，1923年到敦煌的美国人华尔纳，等等。他们大肆盗买写卷，剥取壁画，窃走塑像，造成大量敦煌遗书文物流散国外。就这样，敦煌被介绍到了全世界。由于奥勃鲁切夫在敦煌的活动长期以来被有意无意地忽略和掩盖，俄国拿去的文书又迟迟不予公布，外国学者通常把1907年斯坦因在敦煌的"发现"作为敦煌学的开端，抹杀了中国学者发现和首先研究敦煌的功绩。

在谈到以上敦煌学诞生时的这些情况时，我们不能忘记20世纪初藏经洞被发现的日子，是八国联军攻陷北京前50多天，当时黑云压城，清政权处于风雨飘摇中，藏经洞是在那最不幸的时候，最不幸地被愚不可及的王道士发现和出卖的。敦煌学作为一门新的世界性显学，诞生在一种带有悲剧色彩的气氛中。在近代历史上，敦煌曾同我们国家、民族一起遭劫难、被损害。正如陈寅恪先生所说："敦煌者，吾国学术之伤心史也。"

然而，敦煌毕竟是我们的前人留下的文化遗产。早在1930年，陈寅恪先生便又指出："敦煌学者，今日世界学术之新潮流也。"一代代中国学者以弄潮儿的姿态前赴后继地拼搏在这学术的大潮中，无论资料的流失还是条件的艰苦，都不能动摇中国敦煌学者艰难前进的步伐。我们承认，现在在敦煌文献研究的某些领域里，我们和资料条件便利的日本学者相比还有一定差距，但"敦煌在中国，敦煌学在日本"这句曾流传过的话毕竟是过去时了。中国敦煌吐鲁番学会1983年8月成立以来，在季羡林会长等领导下卓有成效地开展工作，使我国敦煌学的面貌有了日新月异的改观。越来越多的学者懂得，凡是要研究中国传统文化的人,都无不要去敦煌宝库中下一番探究的功夫(郑振铎语)。在这一点共识上汇聚起来的学术、文化、艺术各界学者专家队伍的蓬勃发展壮大,向全世界宣示了中国敦煌学术全面繁荣的美好前景。

第一章
敦煌的地理历史文化背景

公元前111年设立的敦煌郡揭开了敦煌有记载的历史之第一页。自那以后,我国历代各族人民不间断地努力,共同经营开发这块土地,才有了成为历史走廊的河西和文化宝库的敦煌。

我们打开世界地图，地球上最大的一片陆地是亚欧大陆，在这片大陆腹地中亚的东边，有著名的河西走廊。走廊北面是蒙古高原、西伯利亚，南面是青藏高原，地处高寒，多戈壁大漠、原始森林，通行比较困难。河西走廊夹在南北两山之间，这一千多公里的狭长走廊地带，绿洲相间，平坦舒展。从这里西行，经过中亚，可以和南亚、西亚乃至整个欧洲联系起来。历史上，在海运发达之前，它一直是中西交通的干线之一。敦煌正处在这个地理走廊西端的东西交通门户的枢纽位置上。

那么，河西是怎么从地理的走廊演变为历史的走廊的呢？人们会想到汉武帝设河西四郡和所谓"张骞凿空"的故事。我们来回顾一下我们民族、国家发展的历史。

我国今天约960万平方公里国土的规模，是在长期历史发展中逐步形成并稳定下来的。我们中国的文明，虽自远古时代起便不止限于黄河、长江流域两大中心，但作为早期国家的本部和核心还是这一地域，逐鹿中原是夏商周及春秋战国历史舞台上的主要节目。秦统一以后，国家发展的眼光放到更广阔的边远地区，汉武帝经营西域的大业应运而兴。纵观祖国大西北开发的历史，第一个看到河西走廊地区重要性的汉武帝不愧是一个很有眼光的历史人物。正是他派出张骞率领的使团通西域，在他的时代中原王朝首次在河西设郡。公元前111年设立的敦煌郡揭开了敦煌有记载的历史之第一页。自那以后，我国历代各族人民不间断地努力，共同经营开发这块土地，才有了成为历史走廊的河西和文化宝库的敦煌，有了整个大西北的今天。

下面分别说明对于敦煌莫高窟的产生和保存有密切关系的

若干背景条件。

一、河西与敦煌的地理、气候

甘肃河西走廊，位于北去的黄河之西，东起乌鞘岭，南倚祁连山（南山），北面自东向西是龙首山、合黎山、马鬃山（合称北山），山后便是腾格里沙漠和巴丹吉林沙漠。狭长的走廊西北至疏勒河下游为止，东西长千余公里，南北宽十余公里至百余公里。当地是大陆性气候，降水量由东向西递减，到敦煌地区每年不过50毫米。但是祁连山的雪水神奇地点化了这片沙漠戈壁包围中的干渴土地，给块块绿洲带来一派生机。

祁连山平均海拔超过4000米，终年积雪，人称"冰源水库"。近年勘测查明，共有冰川3066条，面积为2062平方公里，储水量约1320亿立方米，每年总出水量为72.6亿立方米。这些冰川70%以上分布在祁连山北坡，夏秋季节，冰雪消融，万壑竞流，奔腾而下，汇成石羊河、黑河、疏勒河三大水系，补给充沛了地下水，滋润灌溉了走廊地区总面积达1.1亿亩的草原和1000万亩农田。"金张掖"、"银武威"和酒泉、敦煌四郡就分布在这三条河流经地域形成的大块绿洲上，自古以来便有兴旺的农业和畜牧业，可供来往行旅和屯戍军卒的衣食之需，这是敦煌和整个河西发展的物质基础。

具体说到莫高窟，它开凿在被古宕泉（今名大泉河）的泉水冲刷而成的鸣沙山崖壁上。大泉河源出南山，流过莫高窟后，在不远处潜入地下，古时泉水较大，所以早期开窟，都在崖面的中层以上。唐以后水势减小，才在下层开窟。正是这股好像专为莫高窟而存在的泉水，造就那一块小小的绿洲，使莫高窟得以在四周沙山戈壁的包围中扎根生存。

鸣沙山在地质上属玉门系砾岩。无数小砾石借石灰质的黏合力混凝在一起，质地较松，容易凿窟而不任雕镂，所以莫高窟造像的雕塑工艺和云冈、龙门的花岗岩石刻不同，多是以石木为胎的彩绘泥塑。正因为雕塑受到自然条件的限制，所以才特别发展了壁画，在砾岩壁面上用加了蓙碎的麻草和好的细泥抹平，用薄薄的白灰打底，然后勾图敷彩。这样的彩塑壁画形成自成特色的莫高窟艺术。又受益于气候干燥等沙漠戈壁的特殊自然条件，这一艺术瑰宝得以避免虫害、霉变和朽烂，有很大一部分奇迹般地、相当完好地保存了千年以上。

自然条件也有对莫高窟艺术不利的一面。首先是猛烈的风沙无情的侵袭，曾掩埋了许多洞窟，毁伤了许多珍品。再就是地震，早期的十六国和北魏洞窟集中的崖面南段中心部分，在宋以前的一次地震中曾有崩毁，不仅一些窟的前室甬道毁坏了，而且从前凉或前秦的洞窟已难寻觅的情况分析，可能当时包括莫高窟创建时的最早一批洞窟在内的许多洞窟整个地毁于地震了。

二、河西敦煌一带早期人文地理概况

新石器时期文化遗址几乎遍布甘肃。秦安大地湾出土的彩陶瓶上的人面和灵台白草坡出土的一个铲状器上的玉人，大约可称是甘肃人的最早形象。不过近年来文物的出土地点在临近关中的陇东，不在河西。根据考古发现，今敦煌地区最早的居民，是相当于夏代的玉门市火烧沟类型文化的主人，而后又有玉门市骟马类型的文化。据传说，舜流四凶，"迁三苗于三危"①，唐李贤、杜佑、李吉甫皆注三危在沙州敦煌县②，但今人多对此提出异议，有的指出，传说中尧舜禹的活动地域主要在黄河中下游，《尚书》中的三危不可能在他们的影响根本达不到的敦煌一带。

由《史记》《汉书》等文献记载可以确知，战国至秦的时期，敦煌祁连之间居住的是过着游牧生活的塞种人、乌孙人和月氏人。月氏"控弦十余万"，先合并了瓜州之戎③，又将世居敦煌的塞种人赶至帕米尔一带。乌孙，战国时居瓜州，其王难兜靡秦末时抗击月氏进攻战死，其子昆莫被冒顿收养，部民"亡走匈奴"，也离开了敦煌一段时间。

秦时月氏强大，匈奴头曼单于曾使太子冒顿质于月氏。公元前209年冒顿继立为单于，灭东胡后又击月氏西走葱岭之外，匈奴控制了河西乃至整个北疆。西汉初，在河西地区的匈奴两王，浑邪王在东，辖今武威地；休屠王在西，辖今张掖地。瓜州一带，留居着许多乌孙人，"（冒顿）单于复以其父之民予昆莫，令长守于西城"④。公元前174年冒顿死，昆莫率其众远徙至伊犁河流域，摆脱了匈奴的控制，匈奴正困于与汉斗，对

---

① 《史记·五帝本纪》。又见于《尚书·尧典》《淮南子·修务训》《后汉书·西羌传》。
② 《后汉书·西羌传》注、《通典》卷174《沙州》、《元和郡县图志》卷40"沙州"条。
③ 《汉书·西域传》："瓜州之戎，并于月氏。"
④ 《史记·大宛列传》。

迁走的乌孙人无可如何。

三、"张骞凿空"与敦煌设郡

秦汉之际,匈奴雄踞漠南北,占领河西之后,对汉地侵暴更甚。秦筑长城在前,用戍卒三十万以为捍御。汉高祖自将兵往击匈奴,在平城白登(今大同东北)被冒顿围困七日,烽火通于长安,遂以和亲为苟安计。到武帝时,经过六七十年休养生息,积聚了力量,谋划全面反击,于是有张骞应募出使西域联络月氏、乌孙之行。

建元二年(前139)到元朔三年(前126)张骞、甘父第一次出使西域,往返途中在河西一带两次被匈奴抓获拘禁,历尽艰险。虽然这次经过大宛(今费尔干纳)、康居(今撒马尔罕)到了阿姆河上游,但大月氏在此大夏故地安居无事,再不想向匈奴寻求报复。张骞未能完成与大月氏结盟夹击匈奴的使命。

元狩四年(前119)张骞第二次出使西域,"厚赂乌孙,招以东居故地",以"断匈奴右臂"[1]。乘霍去病河西之战胜利的余威,他顺利地到了乌孙的赤谷城(今伊塞克湖东南),副使们还到了大宛、康居、大月氏、大夏、安息(今伊朗)、身毒(今印度)。由于乌孙内乱,也未能实现结盟的目的。

张骞两次出使,作为对河西和西域,包括中亚等许多地方的历史性考察,具有十分重要的意义,打开了人们的眼界,建立了汉政府与西域各国正式的友好关系,在发展中西交通和中

---

[1]《汉书·张骞传》。

外关系方面有不朽的功绩。这一历史事件,史称"张骞凿空"。

如果把张骞通西域作为中西交通的开端,那是不确切的。这条被近人誉为丝绸之路的大道的开创,更是在张骞之前很久远的时代。

且不说传说中的黄帝和尧、禹都曾涉足西域[①],近年来讨论很多的《穆天子传》就很值得注意。这本成于战国的书,记西周王朝第五代国王周穆王姬满在他在位的第十七年率六师西巡所历地域。司马迁似并不怀疑穆王西巡为史实,他在《史记·赵世家》中记:"缪王(周穆王)使造父御,西巡狩,见西王母,乐之忘归。"据近人考证,《穆天子传》的地理内容确不乏真实可信成分,有许多是能够指认的。尽管该书充满神话色彩,但记为周穆王进行的这次远巡,极可能到达了今南疆和田一带。更有考证说可能已越过帕米尔高原,所到之"旷原"即今吉尔吉斯大草原,所走过的路线有一大部分实即自古以来和田玉东运之路。若用安阳妇好墓一次出土玉器七百五十多件的史实,证《逸周书·世俘解》"凡武王俘商,得旧宝玉万四千,佩玉亿又八万",可知和田玉在商代即已大量东运。

又晋太康中战国魏襄王墓中出的《竹书纪年》记载,帝尧陶唐氏"十六年,渠搜氏来宾"。渠搜国即汉代时大宛国所在的费尔干纳。《竹书纪年》并记商代与西方各国交往,"奇肱氏以车至"。《述异记》也说:"汤时,西风吹奇肱人乘车至

[①] 如《庄子·天地篇》:"黄帝游乎赤水,登乎昆仑之丘。"贾谊《新书·修政篇》:黄帝"涉流沙,登于昆仑",尧"身涉流沙地"。《荀子·大略》:禹"学于西王国"。

豫州界。"意大利人艾儒略《职方外纪》考证，奇肱可能在今意大利西西里岛。屈原的《离骚》中有"路不周以左转兮，指西海以为期"，《山海经》载"华山西七千七百六十七里，曰不周之山"，不周山当即指状若半环的葱岭，西海在于阗之西，或即黑海、热海（伊塞克湖）之属。

以上这些战国以前的古文献记载是否都是史实还需研究，但大致可以说明，至晚在战国时中原地区对西域的地理情况已有相当的了解，证实内地与西域之间早有交通往来的初步发展。

《旧约全书》中《以赛亚书》这一部分，写成于公元前8世纪，书中称中国人为丝人。这样把对中国的认识同我国出产的丝联系起来，就作为一种传统在国外延续下来了。如公元前400年周安王时希腊人克泰夏斯和前3世纪古罗马地理学家斯特拉波的著作中，即称中国为"赛里斯"，意即产丝之地。公元前4世纪印度孔雀王朝月护王旃陀罗笈多时成书的《治国安邦术》（亦译作《政事论》）叙及"憍奢耶和产于至那国的成捆的丝"。"憍奢耶者，野蚕丝也"[1]，这是将印度土产的野蚕丝和产自中国的丝明确地区分开来的。再晚些，公元前2世纪到公元2世纪编成的印度《摩奴法典》中也记载了丝，并说到中国："夫支那，乃刹帝利边徼之胤。"还有人考证，梵语"摩诃"一词意为大，早在周初即流行于吴地[2]。更有推断，丝绸开始西传之时间，不迟于公元前15世纪的商代中期[3]，当时已能够织出精美的丝绸

---

[1] 《大唐西域记》卷二。
[2] 章太炎《新方言》，葛毅卿《吴方言解》。
[3] 姚宝猷：《中国丝绢西传史》，商务印书馆1944年版。

"縠"①，安阳殷墟曾发现黏附于铜器上的细绢②，甲骨文中也有蚕、桑、丝、帛等字，还记载有用三头牛祭蚕神的活动，说明蚕桑织丝在商代已是重要的生产部门了，用以作为中外交流的商品是有物质基础的。已发现的最早的丝绸实物是在浙江吴兴钱山漾新石器时代遗址中一只竹筐里保存的绢片、丝带和丝线，距今已有四千多年了。在国外发现的我国丝绸的最早实物，当属维也纳大学的科学家确认的，20世纪90年代在埃及一木乃伊头发上发现的一束中国丝绸，那是公元前10世纪战国早期的遗物。

以上有关丝绸输出的材料，虽不一定都取道后来被称为丝绸之路的陆路交通运输，但显然有相当大一部分是从经过河西的这条大路运出去的，这和汉武帝以前外国人对中国的了解，都说明中西交通源远流长，在汉代以前已有千百年的历史。

尽管如此，人们还是充分肯定张骞作为一个伟大的先行者，为开拓丝绸之路、发展中西交通建树的伟大历史功绩。正是从他两次出使西域以后，"使者相望于道……汉率一岁中使多者十余，少者五六辈，远者八九岁，近者数岁而反"，汉使直抵安息、奄蔡（在今里海东北）、黎轩（今罗马，一说埃及）、条支（在今阿拉伯半岛）、身毒，使者们借重张骞的威名，"皆称博望侯，以为质于外国，外国由此信之"③。当然，能打开这

---

① 高汉玉、王任曹、陈云昌：《台西村商代遗址出土的纺织品》，《文物》1979年第6期。
② 《考古学报》1972年第5期。
③ 《史记·大宛列传》。

个局面的直接背景，是汉反击匈奴战争的胜利和河西四郡的设置及汉对西域的经营。

北方的匈奴和中原的秦汉王朝，经过百来年的激烈争斗，终于是先进的西汉封建王朝战胜了奴隶制的匈奴政权。决定胜负的汉武帝时的三次大战役，即元朔二年（前127）的河南战役，元狩二年（前121）的河西战役和元狩四年（前119）的漠北战役，迫使"匈奴远遁，而幕（漠）南无王庭"①。其中元狩二年在河西进行的那次战役是名将霍去病打的，骑兵两度奔袭祁连山，杀虏以数万计。匈奴单于恼怒，欲召浑邪王、休屠王而诛之。二王惧罪，谋降汉，后休屠王迟疑反悔，浑邪王杀之来降，河西之地从此归汉，当年就设置了武威、酒泉二郡。元鼎六年（前111）或稍晚一些年，又分武威、酒泉地更置张掖、敦煌，是为河西四郡。

鉴于对匈奴的战争并未完全结束，潜在的威胁仍然存在，所以汉武帝在河西设立四郡之际，又筑边塞，置亭燧，兴建军事设施。秦长城只修到临洮（今甘肃岷县），续修的汉长城沿走廊的北边遥遥迢迢向西延伸，直到敦煌以西的马迷兔，并"自敦煌西至盐泽（罗布泊），往往起亭障"②。汉武帝之后，继续向前筑烽台，从库鲁克塔格山与孔雀河之间一直向西，过库尔勒、轮台到库车西北。至今还可看到的这一线汉烽台遗迹，展示了我国大西北开发史上那重要的一页。

汉代通西域的路，为了避开正西方向的塔克拉玛干沙漠，

---

① 《汉书·匈奴传》。
② 《汉书·西域传上》。

是沿着沙漠边缘分成南北两道的。据《汉书·西域传》记载，南道经楼兰（今若羌东北）、于阗（今和田）、皮山、莎车，越葱岭（帕米尔）到大月氏（今阿富汗一带）、安息，西达今阿拉伯半岛上的条支和地中海一带的大秦（罗马帝国）；北道经车师前王庭（高昌，今吐鲁番）、龟兹（今库车）、姑墨（今阿克苏）、疏勒（今喀什），越葱岭到大宛、康居，也可达安息、大秦。两道的起点俱为敦煌，当时在敦煌西南设阳关，西北设玉门关，控扼两道出入，保障行旅安全。敦煌处在交通枢纽的地位，随着丝绸之路的通畅，敦煌进入了第一个繁荣期。

敦煌设郡是敦煌有确切纪年历史的开始，但对于敦煌究竟是哪年设郡的，由于《汉书》本身记载不一，而有多种认识。诸说俱以《汉书·武帝纪》所说元鼎六年（前111）为上限，以该书《地理志》本注的后元元年（前88）说为下限，即敦煌设郡当不晚于此年。

关于敦煌早期历史的另一争论是"敦煌"的含义和由来。汉文"敦煌"一词最早见于《史记·大宛列传》张骞给汉武帝的报告，东汉应劭最早的解释是："敦，大也；煌，盛也。"[1]唐李吉甫亦曰："敦，大也，以其广大西域，故以盛名。"[2]近年国内外学者多以为敦煌是建郡以前居住在当地的少数民族对本地所起的名字的音译，正如"祁连山即天山也，匈奴呼天

---

[1]《汉书·地理志》颜师古注引应劭说。
[2]《元和郡县图志》卷40"沙州"条。

为祁连"①，姑臧（武威）为"盖臧"②那样，敦煌或许也即是匈奴语的音译。日本藤田丰八《东西交涉史研究·西域篇》则认为敦煌可能是都货罗（吐火罗），即汉初居于敦煌、祁连间的月氏族的音译。不过"敦煌"二字的含义自东汉后即失考，因此应劭才从字义上猜测解释。他的解释颇合当时敦煌繁盛情况，也可备为一说。

四、敦煌学产生的深厚基础——汉魏中原文化在河西的传播与发展

汉武帝经营河西，除修长城烽燧、关隘之外，还大规模屯垦。军屯之外，并从内地移民，数万汉人来到河西，强大的汉文化从此成为河西地区占主导地位的文化。值得一提的是，他们带去了内地的生产技术。《汉书·食货志》载，赵过在河东、三辅等地推行代田法与新型便巧的田器时，"又教边郡及居延城"，"用力少而得谷多"，以致河西一带田亩产量同内地相差无几。魏嘉平中（249—254）敦煌太守皇甫隆"教作耧犁，又教衍溉，岁终率计，其所省庸力过半，得谷加五"③。由于改进农具，引水灌溉，农业劳动效率成倍提高。建于晋初（275）的大型仓城河仓城，殆即今称大方盘城，是当时敦煌地区经济发展的明证。自公元2世纪初东汉西域副校尉常驻敦煌以后，这里更成为统辖西境的军政中心，西域许多邦国质子也留驻敦

---

① 《汉书·卫青霍去病传》颜师古注。
② 《二酉堂丛书·西河旧事》。
③ 《三国志·魏书·仓慈传》注引《魏略》。

煌。当地商业交通的发展，要求管理制度化，魏时敦煌太守仓慈明令禁止对西域胡商横加勒索，建立方便胡商交市和过境的各种措施，"民夷翕然，称其清惠"。后"西域诸胡闻慈死，悉共会聚于戊己校尉及长吏治下发哀，或有以刀画面以明血诚。又为立祠，遥共祠之"[1]。魏晋以来到敦煌的西域商人主要是居住在中亚捷拉夫善河流域撒马尔罕一带的粟特人，他们很善于经商，长期是中西贸易的中间经纪人，在敦煌留下的不少粟特文书反映了他们在敦煌、酒泉至姑臧、洛阳的商业活动情况。敦煌在农业、商业繁荣的坚实经济基础上，发展成为"华戎所交一都会"[2]。

随着经济的发展，从中原移植到河西的文化也有了初步的繁荣。在汉魏时期的敦煌，我们民族的固有文化已广泛传播，这是滋养敦煌艺术和学术的丰厚土壤。

潘絜兹先生的《敦煌莫高窟艺术》一书概括地叙述："远在莫高窟创建之前，这里也已有了高度的中原文化……自汉以来敦煌人文的昌盛，说明了莫高窟前期艺术的存在，有其必然性。而且1943年中国的考古工作者在敦煌佛爷庙附近发掘，获得了许多六朝初期的彩绘墓砖，上面所画的人物走兽都充分保存了汉画的风格，这就是最有力的佐证；将来敦煌附近地区大规模的汉魏古城墓葬的发掘，必然会给我们带来更多的材料。而且历史文物也足以证明壁画在中国源流久远，并非始于佛教艺术的东来。周明堂四墉画尧、舜、桀、纣的像和周公抱成王

---

[1]《三国志·魏书·仓慈传》。
[2]《续汉书·地理志》刘昭注引《耆旧记》。

朝见诸侯的图，是壁画早已施于古代建筑物上并为政教服务之实例。汉代壁画尤为流行，明光殿的古烈士、鸿都门学的孔子及七十二弟子像、麒麟阁和南宫云台的功臣名将、甘泉宫的天地太乙诸鬼神、鲁灵光殿的山海灵怪等等都是壁画，我们今天发掘所见的洛阳彩绘墓砖和东北营城子、辽阳、河北望都、山东梁山、内蒙古和林格尔、山西平陆等处的汉墓壁画，更给我们提供了具体的实例。这些壁画在造型简练、线条奔放、用色大胆上，都和莫高窟早期壁画一脉相通，而且莫高窟壁画中时时可以发现与佛教无关而和汉墓壁画与汉画像石刻类似的表现了当时服饰、生活和中国古代神话传说的题材，如第285窟的伏羲、女娲像，就是常见于汉画像石刻的神话人物。前面提到的第249窟藻井画中狩猎图，如果把它和望都汉画的动物形象，及吉林辑安的通沟壁画（也是六朝时代的作品）中的狩猎人物作一个比较，便可以发现它们之间惊人地相似。所以莫高窟壁画，乃是中国艺术家在自己民族绘画传统的基础之上，吸取了外来艺术，创造出来的作品。"

近几十年在敦煌、酒泉一带发掘的许多魏晋十六国时期的墓葬，可以更充实潘先生的论据。如嘉峪关市新城公社魏晋画像砖墓高达数米的浮雕装饰的砖门楼和六百多幅壁画；酒泉崔家南湾晋墓，绘有神瑞画翼虎、朱雀和吏卒，敷彩艳丽，技法娴熟，画风已趋细腻；酒泉丁家闸五号大型壁画墓，分前后二室，前室顶部及四周砖壁上，先薄施草灰泥，然后作单砖画或通栏大画。壁画分天上、人间、地下三个境界，内容有东王公、西王母、墓主人燕居行乐、眷属出行、坞壁及许多生产生活场面，作画的工艺、技法和内容与后来莫高窟的壁画有极为相似之处。只是这批魏晋十六国墓葬中尚无佛教内容画迹发现。至于敦煌本地，除了佛爷庙晋墓出的墓砖画，20世纪80年代初敦煌修机场，清理中的大批古墓葬给我们这方面的认识增加了许多新材料。

总之，从全国各地出土的许多汉代画像砖和以曾作画于江宁瓦官寺的东晋顾恺之为代表的重骨法、气势、神情、韵味的吴画侧重线条的艺术，经过敦煌、酒泉这批壁画墓，到敦煌石窟壁画，可以理出一条清晰的艺术脉络，那是一脉相传的、在前进发展中的我国古代艺术长河中的一大段落，敦煌艺术就是在继承前者的基础上站立起来的。在莫高窟初凿后不断兴修的一千年中，敦煌与内地文化交流更加密切，太和以后中原的佛教艺术直接地、全面地从思想内容、形式风格各方面影响着敦煌的早期艺术。莫高窟是在与大同云冈、洛阳龙门、天水麦积山、永靖炳灵寺这些著名石窟之间往复交流、辉映交融、相互促进中一起获得活泼的生命力，一齐成为我国古典艺术中灿若星月的一批明珠。像安泰不能离开大地一样，如果没有我们高度发展的、悠久的民族文化这个母体，莫高窟艺术就会像无源之水、无本之木一样枯萎，不复存在。

再说敦煌遗书那些卷帙浩繁的古代文献，毋庸置疑是我们民族文化的珍品。随着大批汉人进入河西，汉学也来到敦煌，以儒家经典为主的许多汉籍在这里传播。在汉代敦煌就出了知名书法家"草圣"张芝。魏晋南北朝中原动乱时，这僻远的西陲倒是比较安宁的地区。大批中原文士到河西避乱，凉州（今武威）一时成为中原文化人的荟萃地，所以西凉公李暠说："此郡世笃忠厚，人物敦雅，天下全盛时，海内犹称之，况复今日，实是名邦。"（《晋书·凉武昭王李玄盛传》）汉晋之际，索、阴、翟、李、张、曹、阎、氾、罗、阚、令狐等世家大姓便已陆续到了敦煌，他们世代掌握着文化，代表人物如晋代"敦煌五龙"索靖、氾衷、张甝、索紾、索永，俱以文学闻名当世，索靖并是著名书法家，在敦煌莫高窟曾"题壁号仙岩寺"（莫高窟第165窟前室北壁墨书《莫高窟记》）。敦煌文书是用毛笔墨书写在纸卷上的文献，是我国独创的文化形式。敦煌文书中很大一部分是公元8世纪中叶造纸术西传以前的作品，在西方人还不识纸笔为何物时，谁能说这批文化遗产也是"西来的"呢？至于敦煌的佛教艺术和经卷，诚有印度佛教的巨大影响，但是佛教在传入中国的过程中已逐步被吸收和改造，成为自成一家的中国佛教。佛教在中国形成各宗派、发展之势方兴未艾时，在印度本土，9世纪后佛教却渐趋衰微，后来还中断了六七个世纪。就艺术方面而言，佛教文学和犍陀罗佛教艺术也按我国传统的审美观点和创作手法，经过改造加工，脱胎换骨成为我们民族文化艺术的新的组成部分。这里表现出来的恰恰是我们民族消化吸收世界优秀文化遗产进行创新的伟大能力。在人类文化史上，这对每一个不是处在完全封闭状态中，而是和外民族有文化交往的民族来说，都是同样的。

五、佛教的创立与东渐

敦煌莫高窟作为一种佛教文化艺术，自要重视发祥地印度佛教的巨大影响。说明这一点前，要回顾一下印度佛教及其东渐（或说北传）我国的历史。

佛教产生于印度，距今已有 2500 多年的历史。在印度，更古老的宗教是印度教，又叫婆罗门教，产生在三四千年之前。当时印度奴隶社会分成四个等级的"瓦尔那"，即壁垒森严的种姓集团：婆罗门、刹帝利、吠舍、首陀罗。婆罗门是宗教贵族，执掌神权；刹帝利是世俗贵族，占有人间权力和财富；吠舍是自由民，占有部分土地财产，也有不少沦为奴隶；首陀罗是奴隶。印度教实行和维护这种种姓制度，不许人逾越。四个种姓在宗教上也是不平等的，婆罗门独占天堂，吠舍没有听经的权利，首陀罗更被认为是不能认识真理、不能从奴隶地位得到解脱的。随着社会的发展进步，印度教这些教义受到挑战，社会上出现种种反婆罗门教思潮。僧佉派主张不分种姓隶属，谁都能认识真理，谁都能得到解脱；提出人们在遭受苦痛和得到解脱的权利面前是平等的思想。这种教义是佛教思想的先驱。

释迦牟尼（前 565—前 486）在公元前 6 世纪末创立了佛教。他原名悉达多·乔答摩，是今在尼泊尔境内的迦毗罗卫国净饭王之子，母亲是摩耶夫人，四月初八出生，走路七步，步步生莲。成年后娶妻耶输陀罗，生一子罗睺罗。他见到农人裸体劳作，耕牛疲惫，飞鸟争食地里翻出的虫蚁，深有感慨。又在出游四门时，出东门见白发老人杖行艰难，出南门见病人不能行动，出西门见人哭着抬死人，出北门见修道的隐士，深感生老病死痛苦，要寻求解脱。他 29 岁时逃出宫，苦修六年无效，取食牧女或村姑的鹿乳或粥，到菩提伽耶（今印度比哈尔邦格雅城南），在尼连河畔菩提树下打坐48天，十二月初八拂晓悟道成正觉，也就是弄清楚了人间苦恼的根源是"无明"，要抛弃物质享受的追逐，修道解脱，得天上正果成佛。他到波罗奈城鹿野苑召回离去的陈憍如等五侍从，说服他们做了首批弟子，这次布道称"初转法轮"。这样一来，佛、法、僧"三宝"俱全，完成佛教的创立。释迦牟尼传教45年后去世，称涅槃。这些成为后来佛本生故事的题材。面对残酷的奴隶制，他倡导和平慈爱、自我牺牲、克制贪欲、禁戒残暴、诚信无私；适应社会上广泛的反婆罗门教思潮，反对种姓制度，主张"不观所生处，惟观于德行……有德之人，种姓有别，德行无异。犹如伊兰及旃檀木，俱能出火。热与光明，无有别异"[①]。他主张众生平等，不因出身而分贵贱，甚至神也和人一样，要受因果、轮回、业力的支配。释迦牟尼本人也有前生和转世的问题，因此在佛传故事之外，还有讲其前身的许多佛本生故事。这关于灵魂轮回的学说和决定灵魂轮回形式的报应法则，是印度教教义中原有的，这一宗教理论不仅被佛教引为全部教义的基石，还影响及非洲和早期的美洲，是许多宗教思想的核心部分。

佛教初创时没有成文佛经。教义是释迦牟尼身授和靠他的弟子们口传的。他的弟子据说很多，有舍利弗、伽叶、阿难等十大弟子和五百罗汉等。成文佛经，是晚到公元前1世纪才问世的。佛教初传时也没有偶像崇拜，并且是禁止塑造释迦佛形象的。现在可以看到的公元前3至前2世纪的印度佛教遗迹中，

[①] 《大庄严论经》卷第七，转引自常任侠《佛经文学故事选·序言》，古典文学出版社1958年版。

佛还没有作为人的形象表现出来。最初是用法轮、宝塔、菩提树或佛脚印作为教义象征的。圆顶的石制宝塔"窣堵波"是遗留下来的最早的佛教文物。还有公元前3世纪时建的有名的阿育王石柱，也是佛教早期的重要遗物。那是这位名王皈依佛教后四出巡礼时为铭刻敕文而立的。这些刻有铭文的石柱已在印度各地发现了三四十根之多。①

印度佛教大事造像是在犍陀罗艺术兴起以后。那是在古印度犍陀罗地方，即今巴基斯坦白沙瓦和阿富汗东部一带，经历了孔雀王朝的阿育王和贵霜王朝的迦腻色迦两位著名的提倡佛教的国王的时代，逐步发展起来的一派佛教艺术。

公元前327年或者前326年，马其顿国王亚历山大东征侵入印度，建立了东起印度河、西至尼罗河与巴尔干半岛的亚历山大帝国，此后印度西北部受到"希腊化"影响。公元前321年，月护王旃陀罗笈多赶走马其顿入侵者，建立孔雀王朝。其孙阿育王在位时（前273—前232），国势极盛，几乎统一了印度全境。后来他信奉佛教，派出传教的僧人到了犍陀罗地方，一些希腊人后裔混合希腊、印度还有波斯的艺术手法，逐渐创造了以雕塑见长的犍陀罗佛教艺术。也有认为最早的犍陀罗佛像起源于波斯的。

到2世纪初叶大月氏的贵霜王朝强盛时，有第二阿育王之称的迦腻色迦王②建都于犍陀罗的布路沙布罗（富楼沙，今巴

---

① ［英］查尔斯·埃利奥特：《印度教与佛教史纲》第一卷，李荣熙译，商务印书馆1982年版。
② 迦腻色迦在位年代约公元78—120年，一说为公元144—170年。

基斯坦白沙瓦），他也以佛教为国教，大事修建窣堵波和寺院，犍陀罗艺术由此大兴，直盛行到6世纪，这就彻底突破了不许塑造释迦牟尼像的戒条，使佛像遍布传教所到之处。因为4、5世纪笈多王朝时，又在婆罗门教、佛教基础上形成新的印度教，犍陀罗艺术便随着大乘佛教后来在中印度、北印度的消失而没落。它的艺术遗存有晚至7、8世纪的作品，最晚的到11世纪，今在白沙瓦和木尔坦等地出土了许多，其中最早的人形造像大约始自公元2世纪。在我国魏晋佛教造像中可以明显地看到这种犍陀罗艺术——希腊风的印度佛教艺术的影响，这在敦煌部分早期作品中也是能看出来的。

印度佛教的石窟寺最初开凿是在阿育王时代，遗存至今的有900座之多。著名的阿旃陀石窟大约开凿于公元前2世纪，七百年间凿成29个大窟，都有精美的雕刻和壁画。印度的石窟艺术由于犍陀罗传统的影响，一般是雕刻多于壁画。阿旃陀石窟附在建筑物上的造像，都是在大块岩石上凿出的浮雕和圆雕，很有代表性。

上述情况给我们提供了一条关于佛教史的粗略时间线索，我们可以联系起来认识印度佛教传至我国最初的情况。

兹将中国和古印度情况对比列表供参考：

印度	中国
释迦牟尼（前565—前486）	老子
	孔子（前551—前479）
前5世纪　第一次结集成经藏律藏	孙子（春秋末）
前4世纪　第二次结集修订经藏律藏	

续表

印度	中国
前327年 希腊马其顿亚历山大远征，印度开始希腊化	
前321年 孔雀王朝建立	
前274—前232年 阿育王在位，第三次结集成论藏，建阿育王石柱，分舍利，遣僧人布教至犍陀罗	秦（始）王（前246—前210年在位）
前2世纪 希腊人又取代印度人统治，在今阿富汗北部建大夏（希腊·巴特里亚王国即吐火罗）	汉文帝时约前177—前176年 月氏人从敦煌祁连间西迁伊犁河楚河流域的塞种地区称大月氏
前3世纪—前2世纪 印度早期佛教石窟建造	前161—159年 乌孙西迁伊犁河，大月氏再迁阿姆河上游
前130年 大月氏入居大夏	前131年 张骞使大月氏，前128年抵达
前2世纪—前1世纪（至6、7世纪）印度阿旃陀石窟建造	前121年 霍去病获匈奴金人
	前119—前115年 张骞再出使西域
	前115年 设酒泉、武威二郡
	前111年 设张掖、敦煌二郡
前1世纪 犍陀罗艺术最早兴起，成文佛经问世	前2年 景卢从大月氏王指派的伊存口受佛经
1世纪 安息人继塞种进入，希腊艺术复兴	
1世纪上半叶 大月氏南进，丘就却（？—78年在位）建贵霜王朝，定居犍陀罗（王城名）地区	
64年 贵霜人逐走安息	64年 东汉明帝遣人取经
78—120年 丘就却孙迦腻色迦王在位，都于今巴基斯坦白沙瓦，第四次结集完成佛教经典经律论藏三部 1世纪大乘佛教开始形成并崇拜偶像，中叶有最早佛像，犍陀罗佛教艺术初步发展	67年 迎回迦叶摩腾竺法兰和佛经，建白马寺，译出《四十二章经》，为汉地佛门之始
	148年 安息太子安世高到洛阳

续表

印度	中国
	东汉桓灵帝时　孔望山摩崖石刻
	东汉献帝时　笮融大起浮屠寺浴佛
230年　贵霜从属波斯萨珊王朝	249年（？）　朱士行受戒，为中土沙门之始 260年　朱士行求法至于阗
4世纪　阿富汗巴米扬艺术创建	310年　西域人佛图澄到洛阳，后辅导后赵石勒、石虎，至348年去世
	330年左右　后赵第一次许汉人出家
4世纪后半至6世纪前半　笈多王朝	353或366年　莫高窟开凿
	398年　北魏都城由盛乐迁平城
	399年　法显求法至印度
5世纪至6世纪　印度佛教石窟寺建设最盛期	401年　龟兹人鸠摩罗什由凉州到长安，为后秦姚兴国师，译经98部425卷，至413年去世
413年　天竺僧昙无谶由鄯善至敦煌	402—405年　麦积山最早开窟造像
422年　罽宾僧昙摩密多从龟兹到敦煌，建立精舍	444年　云冈开禅窟
	446年　北魏太武帝灭佛 452年　北魏太武帝死后恢复佛法
	460年　云冈石窟开凿
465年　白匈奴嚈哒入侵，灭贵霜王国，毁犍陀罗佛教艺术	489年　栖霞山石窟开凿 493年　龙门石窟开凿
7世纪　阿富汗佛教艺术繁荣结束	627年　玄奘西行求法，645年回到长安著《大唐西域记》，译经74（一说75）部1335卷，664年去世
8世纪　印度佛教石窟寺建设告终	9世纪末至13世纪中叶　建大足石窟

佛教何时传入我国内地的问题不无争论。争论的问题之一是关于汉武帝所拜"金人"是否佛像。《史记·匈奴传》记元

狩二年(前121)河西之战霍去病击破匈奴,"得休屠王祭天金人",衍出汉武帝在甘泉宫拜金人故事。北魏崔浩注云"今浮图,金人是也",唐李泰《括地志》亦云"金人即金佛像"。按这些说法,汉武帝时佛教已传到中原地区,《魏书·释老志》即明言:"金人率长丈余,不祭祀,但烧香礼拜而已,此则佛道流通之渐也。"佛教史迹画中也常以汉武帝拜金人为题材,今人一般认为这是崔浩、李泰等人附会。休屠金人并非佛像,或者即是一种人形金属葬具,作为战利品收在甘泉宫,汉武帝时时玩赏。要在公元前2世纪末,即在印度也是造像尚在初有还无之时,佛像已远传匈奴,似不可能。近二百年后东汉明帝所梦金人与此不同,可能是听人说西方有佛,体作金色而夜有所梦,圆梦者亦以佛事作答,这时汉地可能有佛教和关于佛像的传闻了。

苏联学者的著作中也有一个关于金人的误会。С.И.鲁登科著《匈奴人的文化和诺颜乌拉墓葬》一书第十章《信仰和祭仪》,把匈奴休屠王祭祀之金像与"汉都护廉褒赐给乌孙酋长姑莫匿一个重二十斤的金人"的史料联系起来,并提出问题:"上面提到的匈奴人的金偶像,会不会也是从汉人那里得到的呢?"这个疑问如能作肯定的回答,那么佛教传到中原地区的历史更要提前。但查《汉书·西域传》,原文作"都护廉褒赐姑莫匿等金人二十斤,缯三百匹",金人两字之间应读断分开,鲁登科误读作金人了。

《三国志·魏书·东夷传》裴注引《魏略》记"昔汉哀帝元寿元年(前2)博士弟子景卢受大月氏王使伊存口受浮屠经",这是史籍记载的佛教传至中国内地比较确凿的最早年代,而且还只是口授，合乎印度成文佛经问世未久不及翻译的情况。

又过了半个多世纪，到东汉明帝时中土才有成文的译经流传。史籍上有东汉明帝永平七年（64）派蔡愔等十余人西行求法故事，始见于东汉末牟子《理惑论》（载《弘明集》）。据晋袁宏《后汉纪》："初，（明）帝梦见金人长大，项有日月光，以问群臣。或曰：'西方有神，其名曰佛，其形长大。陛下所梦，得无是乎？'于是遣使天竺，问其道术，遂于中国而图其形像焉。"梁启超认为事属佛教徒附会[1]，汤用彤先生辩证："汉明求法，吾人现虽不能明当时事实之真相，但其传说应有相当根据，非向壁虚造。"[2] 当时明帝的异母弟楚王刘英笃信佛教，《后汉书》本传记他"晚节更喜黄老，学为浮屠斋戒祭祀"。永平八年（65）汉明帝退还刘英赎罪交的缣帛，为此下诏书中说"还赎以助伊蒲塞（居士）桑门之盛馔"，便已使用了佛教术语。那也正是犍陀罗造像艺术的滥觞时期，佛教艺术的传入和我国开始译经造寺也是在明帝时，重要标志是永平十年（67）中天竺僧人迦叶摩腾和竺法兰到了洛阳（一说是明帝派蔡愔、秦景等从西域迎来的），这是两位最早到中国内地的印度高僧。为安放他们带来的经像，汉明帝下令在洛阳建白马寺，是为中国的第一所寺院。他们在那里合译了《四十二章经》——第一部汉文译经。《高僧传初集》卷一《迦叶摩腾传》说这是"汉地沙门之始"。南齐顾欢也说："佛经之来，始乎东汉。"[3]

---

[1]《佛教之初输入》，载《梁任公近著》第一辑中卷。
[2]《汉魏两晋南北朝佛教史》上册，中华书局1983年版。
[3]《答袁粲驳夷夏论》，见《南史·顾欢传》。

唐初法琳讲佛教情况"五百余年已来,寺塔遍于九州,僧尼溢于三辅"云云,这是他在武德五年(622)所上《破邪论》中所言,前推五百余年,正合东汉明帝时代。新疆发现的最早的佛教艺术品,是1959年民丰县尼雅遗址东汉合葬墓出土的一块蜡染棉布,"蓝色印花,图案为一半身裸体人物像,带璎珞,手持一长筒状物,有头光,具明显佛教艺术色彩"[1]。与黄文弼先生在《塔里木盆地考古记·序言》中的论断"新疆佛教当起于东汉末季"相合。

中国本土何时开始佛教造像的问题,除了有关"金人"的谜之外,见于文献的资料,当数《后汉书·陶谦传》为早。传中说黄巾起义乱时,陶谦使笮融督广陵、下邳、彭城粮运,笮有异谋,"遂断三郡委输,大起浮屠寺。上累金盘,下为重楼,又堂阁周回,可容三千许人,作黄金涂像,衣以锦彩。每浴佛,辄多设饮饭,布席于路,其有就食及观者,且万余人"。实物资料还稍早些。1980年以后,我国考古学界经过重新考察与讨论,多数认为江苏连云港市孔望山摩崖造像是迄今发现的我国最早的佛教石刻,其内容有表现佛本生故事的萨埵那太子舍身饲虎图和佛传题材的涅槃图,还有立佛、坐佛、白象等。佛教内容外并有道教题材,这正是当时佛教依附于道教情况的反映,如前引《后汉书》,楚王英"诵黄老之微言,尚浮屠之仁祠",同书《蔡楷传》,桓帝时"宫中立黄老、浮屠之祠",都是两教并习。专家们鉴定的孔望山摩崖造像的年代也正是东汉桓灵

---

[1] 穆舜英、王明哲、王炳华:《建国以来新疆考古主要收获》,《新疆考古三十年》,新疆人民出版社1983年版。

时期。它还是沿用我国汉代传统的画像石艺术技法，看不出有明显的犍陀罗艺术风格影响。

至于佛教输入中国的路线，应该不止一条。汤用彤先生指出，"佛法来华，先经西域。在汉代，我国佛教渊源，首称大月氏、安息与康居三国"，"其交通多由陆路"。[①]英国查尔斯·埃利奥特亦说："它首先从中亚细亚经过陆路传入中国。"[②]所传蔡愔求法，便是西行至今新疆某地迎迦叶摩腾、竺法兰而回。魏甘露五年（260）朱士行求法，亦西行出塞至于阗。西行求法第一个到达印度而且成功地携经而返的法显，东晋隆安三年（399）即出敦煌，渡流沙，经鄯善、于阗，越葱岭而后入北天竺、中天竺的。停六年，他踏上返程时则又取道海路，更辟一径。

孔望山的新发现和许多关于东汉时佛教在东南海滨流行的材料又不能不使人研究佛教最先从海上传入的可能性。两汉、东吴时航海发展的水平可以使以上可能性转为现实。汤先生上文也曾论及：东汉时"会稽、交趾均有海上交道。安世高之徒陈惠，乃会稽人。而交趾之牟子，著论为佛道辩护，则佛法由海上输入，当亦有其事"。由佛教初渐中土时期，东南地区著名佛教寺窟建造的数量似不少于新疆、甘肃地区的统计资料可证，汤先生此说应能成立。

关于这个问题，季羡林先生的意见受到学术界重视。他说："中国同佛教最初发生关系，我们虽然不能确定究竟在什么时候，但一定很早，而且据我的看法，还是直接的，换句话说，

---

① 《汉魏两晋南北朝佛教史》上册。
② 《印度教与佛教史纲》第一卷。

就是没有经过西域小国的媒介。我的意思并不是说,佛教从印度飞到中国来的。它可能是从海道来,也可能是从陆路来的。即使从陆路经过中亚小国而到中国,这些小国最初还没有什么作用,只是佛教到中国来的过路而已。"[1] 阮荣春教授提出,佛教造像最早传入中国,既不是通过丝绸之路,也不是海上,而是东汉末年至西晋由缅甸经云南到四川,再由四川沿长江流域向东呈喇叭状地传播到中国内地的,首先在三国吴地兴盛起来。可备一说。总之,佛教东传可能是由海陆两路殊途同归的。而佛教作为一种有整套仪规的意识形态的文化,它的流传并不是外僧或佛像一到便完成,应有一个建寺、造像、译经、度僧的完整程序。因此宜把佛教东渐视为东汉魏晋之际逐步完成的一个颇费时日的过程。

下表图示佛寺石窟在我国各地早期建立的情况:

	东汉 (25—220)	三国西晋 (220—317)	东晋十六国 (317—420)	北魏 (386—534)
新疆	和田买力克阿百提遗址(西汉末)	楼兰遗址(3—4世纪)	吐鲁番吐峪沟(4世纪后期)	
		尼雅遗址(3—4世纪)		
	米兰寺院(东汉晚期或3、4世纪)			
	拜城克孜尔千佛洞(东汉晚期或3、4世纪)			
	库车吐喇石窟(稍晚于克孜尔千佛洞)			
	库车森木塞姆石窟	于阗王新寺(4世纪初)		

---

[1] 《浮屠与佛》,《中印文化关系史论文集》,三联书店1982年版。

续表

	东汉 （25—220）	三国西晋 （220—317）	东晋十六国 （317—420）	北魏 （386—534）
甘肃			敦煌莫高窟（366）	凉州瑞像（397）
			天水麦积山（384—417）	武威天梯山（北凉）
			永靖炳灵寺（420）	张掖金塔寺（北凉）
				酒泉文殊山（北魏）
				庆阳北石窟（北魏）
				泾川南石窟（北魏）
				固原须弥山（北魏）
关中		长安大兴善寺（265）	长安草堂寺（394—415）	扶风法门寺（北魏）
中原	洛阳白马寺（67）	洛阳伊阙山寺（西晋）		巩义石窟寺（471）
				长清灵岩寺（479）
				洛阳龙门石窟（493）
				登封少林寺（495）
				洛阳永宁寺（516）
				登封嵩岳寺（520）
				济南千佛山（523）
华北	五台山大孚灵鹫寺（68）	北京潭柘寺（晋代）	平城五级浮屠（398？）	大同云冈石窟（460—465）
	洪洞广胜寺（147）			交城玄中寺（472）
	北京上方山（传东汉）			平遥双林寺（北魏早期）
				曲阳修德寺（500）
				浑源悬空寺（北魏后期）

续表

	东汉 (25—220)	三国西晋 (220—317)	东晋十六国 (317—420)	北魏 (386—534)
华东	连云港孔望山（东汉末）	上海龙华寺（传东吴赤乌十年247）	建康白马寺（317）	南京鸡鸣寺（南朝）
	豫章大安寺（170）	苏州通玄寺（238）	杭州灵隐寺（326）	扬州大明寺（南朝刘宋）
	广陵笮融建寺（193）	金陵保宁寺（241）		
	徐州笮融浮屠祠（汉献帝）	建业建初寺（242或247）	建康建业寺（344）	徐州云龙山兴化寺（传451）
	宁波保国寺（传东汉）	宁波天童寺（传西晋永康年）	剡州隐岳寺（347）	南京栖霞寺（483）栖霞山石窟（484）
		金陵甘露寺（312）	金陵庄严寺（348）	
			金陵瓦官寺（365）	
		长河莲华寺（314）建康禅林寺（316）	庐山东林寺（376—396）	
华中		武昌慧定寺（229）		
四川	成都宝光寺（传东汉）		峨眉山万年寺（东晋）	

六、魏晋之际佛教在敦煌的传播（220—317）

这是莫高窟开凿的直接背景。

佛教在敦煌的传播情况和内地稍有差异。自从西汉末东汉初即公元1世纪前后佛教经由西域传到中土，从统治阶级最高层到民间都吸引了一批信众，不很缓慢地传播开来，并逐渐摆脱初传时兼习浮屠和黄老之术斋戒祈福的风气。如上表所示，继洛阳白马寺之后，已有豫章大安寺、武昌慧定寺、苏州通玄寺、金陵保宁寺、长河莲华寺、杭州灵隐寺、庐山归宗寺、建康建业寺、剡州石城山隐岳寺、金陵庄严寺和瓦官寺、庐山东林寺、峨眉山万年寺等名寺的兴建。这些寺都建在莫高窟开凿之前。魏晋时期内地已形成洛阳、建业两个佛教中心。第一个临摹外来佛像的画家曹不兴就出在三国东吴，魏晋时宗教画勃兴，又以顾恺之为代表。

佛教在敦煌地区的传布稍晚于中土。最初佛教东渐经过这里时似未留驻。但在莫高窟开凿之前，敦煌也已有佛教的活动了。最明显的是"世居敦煌"、号为"敦煌菩萨"的高僧竺法护等的译经活动。

魏正始中（240—249）月氏人竺法护在敦煌出家，晋武帝时他随师游历西域诸国，取回许多佛经，是朱士行之后第二个冒险西行求法的著名僧人。后来他又从到敦煌的罽宾文士和龟兹使节处得到一些佛经梵书，他解天竺语又畅晋言，便在敦煌和长安、洛阳各地传译，"德化四布，声益远近，僧徒千数，咸来宗奉"[1]，是佛教史上早期知名的译经大师。

竺法乘早年师事竺法护，跟随其在敦煌、长安笔录译文，后"西到敦煌，立寺延学，忘身为道，诲而不倦。使夫豺狼革心，戎狄知礼。大化西行，乘之力也。"[2] 在敦煌一带的影响更超过护师。曾与竺法护同隐于长安山寺的名僧于法兰的高徒于道邃也是敦煌人。

3世纪后半叶，即有关汉人不准出家的禁令在魏黄初中

---

[1] 《祐录》。
[2] 《高僧传·晋敦煌竺法乘传》。

（220—226）实际取消[①]后不久，敦煌便出了不少胡汉高僧，表明这里佛教的流传和译经事业迅速发展起来了。既然有僧，也必有寺。莫高窟晚唐第156窟前室墨书《莫高窟记》就言及"晋司空索靖（239—303）题壁，号'仙岩寺'"，所依据的底本原文，在敦煌遗书伯3720号中发现，该寺应就在莫高窟。据遗书伯2963号乾祐四年（951）尾题"宕泉大圣先（仙）岩寺讲堂"字眼，可知该寺在五代犹存。如这判断不误，则晋代敦煌已经建寺。只是具体情况失载，难言其详了。总之，魏晋之后，在敦煌孕育莫高窟问世的条件日臻成熟了。

[①] 《高僧传》："石虎时著作郎王度称汉明感梦，初传其道，惟听西域人得立寺都邑，以奉其神。其汉人皆不得出家。魏承汉制，亦循前轨。"但据《隋书·经籍志》："魏黄初中，中国人始依佛戒，剃发为僧。"

第二章
敦煌画塑

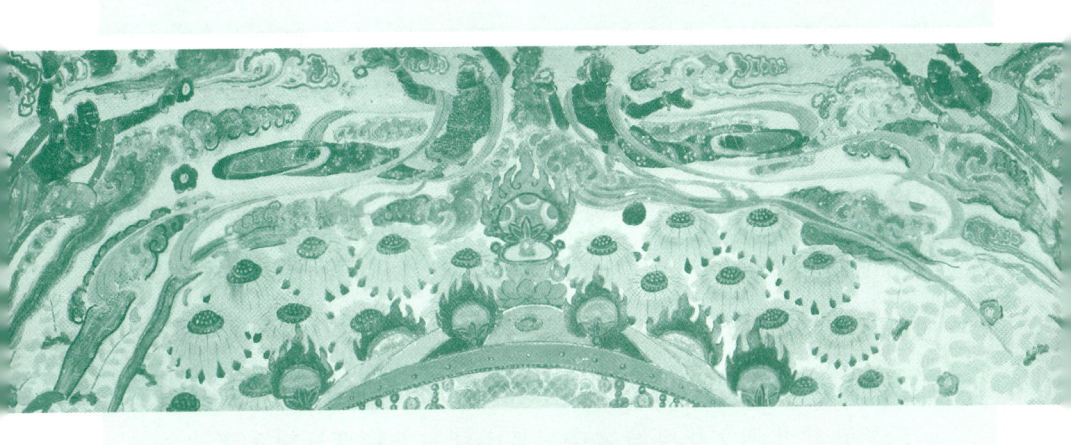

进入 20 世纪时,敦煌发生了一件对世纪的学术史、文化史影响深远的事件——莫高窟藏经洞被打开了。这座人类文化宝库受到举世瞩目,中外学者共同开拓了一门全新的交叉性学科,称为敦煌学。

一、十六国时期的敦煌及画塑（353或366—442）

十六国时期的敦煌，迭经前凉张氏（汉族，313—376）、前秦苻氏（氐族，376—387）、后凉吕氏（氐族，387—400）、西凉李氏（汉族，400—420）、北凉沮渠氏（匈奴族，421—442）等五个政权统治，直到北魏灭北凉（439）后又三年占据敦煌，才重归北方统一政权治下。

晋初河西一度败落，如《晋书·张轨传》所说，"泰始中，河西荒废"。进入十六国时期，整个河西即金城、西平、武威、张掖、西郡、酒泉、敦煌、西海等凉州八郡都在张轨治下，这里虽说不上安宁，但中原的大乱影响及此，终究是余波末梢，史称"天下方乱，避难之国唯凉土耳"，"中州避难来者日月相继"。[①] 一时凉州"号为多士"[②]，"区区河右，而学者埒于中原"[③]。他们在河西传授儒学，使中原失传的一些经籍学说得以保存下来，对后世影响极大。陈寅恪先生在《隋唐制度渊源略论稿》中列举一批秦凉学者后说："秦凉诸州西北一隅之地，其文化上续汉、魏、西晋之学风，下开（北）魏、（北）齐、隋、唐之制度，承前启后，继绝扶衰，五百年间延绵一脉，然后始知此北朝文化系统之中，其由江左发展变迁输入者之外，尚别有汉、魏、西晋之河西遗传。"士人之外，更有成千上万结队西行的内地人民，一批又一批流移凉州，补充了大量劳动力，使河西经济文化在中原普遍凋残的时候，却有长足的进步。

---

① 《晋书》卷86《张轨传》。
② 《资治通鉴》卷123元嘉十六年。
③ 《周书》卷41《庾信传》"史臣曰"。

经过前凉张轨、张寔、张茂三代的经营，"及张骏嗣位，境内渐平。骏勤修庶政，总御文武，咸得其用，民富兵强"①。这个情况与六朝时期的南方有些相像，或应该说有过之而无不及。

具体说到敦煌，345年张骏在敦煌设沙州，领敦煌、晋昌、高昌、西域都护、戊己校尉、玉门大护军等三郡三营。②当时前凉控制着今新疆吐鲁番一带，敦煌又承担起制御西域和中西交通的责任。为充实敦煌，前秦苻坚在建元之末（385），"徙江汉之人万余户于敦煌，中州之人有田畴不辟者，亦徙七千余户"③。麟嘉七年（395）后凉内乱，"武威、张掖已东人西奔敦煌、晋昌者数千户"④。中世纪的敦煌，一般不过数千户三万来口人，上述数字是十分可观的，因此敦煌这一时期经济情况也较好，非常突出的是水利建设，前凉沙州刺史杨宣在州南修阳开渠长十五里，又在州东修北府渠长四十五里，前凉敦煌太守阴澹在州西南修阴安渠长七里，后凉敦煌太守孟敏在州西南修孟授渠长二十里，这反映了农业生产的新发展⑤。

庚子元年（400）李暠称凉王于敦煌，史称西凉，当时"敦煌郡大众殷，制御西域，管辖万里"，一时于阗致玉，"鄯善前部王遣使贡其方物"⑥，这是历史上唯一的一次敦煌成为西北

---

① 《资治通鉴》卷95咸康元年。
② 《魏书》卷99《张寔传附骏传》。
③ 《晋书》卷87《凉武昭王李玄盛传》。
④ 《晋书》卷87《凉武昭王李玄盛传》。
⑤ 参见敦煌遗书伯2005《沙州都督府图经》。
⑥ 《晋书》卷87《凉武昭王李玄盛传》。

割据政权的政治中心。当建初元年李暠徙都酒泉时，从敦煌一次迁出人户达二万三千之多，这个惊人的数目说明4世纪末5世纪初的敦煌户口是历史上罕有的高峰之一。

这时，昙无谶由中印度辗转经罽宾（今克什米尔）、龟兹（今新疆库车）、鄯善（古西域国名。王居扜泥城，在今新疆若羌）来到敦煌，在这里熟习了汉语。沮渠蒙逊灭西凉后，将他作为"圣人"接到姑臧（今甘肃武威），他主持译出《大般涅槃经》等十一部佛经，奠定了大乘教在河西广泛流传的基础。而"特深禅法"的罽宾僧人昙摩密多（法秀）"进到敦煌，于闲旷之地建立精舍，植柰千株，开园百亩，房阁池沼，极为严净"[1]，为讲求苦修的禅法的流行奠了基。

一方面是流徙人口的涌入带来经济文化进步，另一方面，那大乱的时代，动荡的社会大背景，始终像阴影笼罩着敦煌一隅之地，人们乞求神灵庇佑，为自己编造世外桃源的幻境，这两方面一起促使佛教大为流行，这一点也和东晋南朝极为相像。

中国南方在4世纪中叶的353—358年间，又兴建了一批寺院，如金陵瓦官寺、长干寺，建康安乐寺、建福寺、建宁寺、新亭寺，襄阳檀溪寺，庐山西陵寺、东林寺，武陵平山寺等。与这些大体同时，河西也建了永靖炳灵寺（西秦）、武威天梯山（北凉）、张掖马蹄寺、金塔寺（五凉时期）、酒泉文殊山[2]等石窟寺。此外，天水的麦积山石窟寺也在后秦时创建，

---

[1] 《高僧传》卷3《宋上定林寺昙摩密多传》，《大正大藏经》第50册《史传部二》。
[2] 若即《晋书》卷86《张轨传附张骏传》所云酒泉南山"有石室、玉堂，珠玑镂饰，焕若神宫"，则始建年不迟于前凉。

因而这时敦煌有莫高窟和东、西千佛洞的兴建，也就绝非偶然了。

莫高窟的创建年代，一般定为十六国前秦建元二年（366），根据是武周圣历元年（698）《李君（克让）莫高窟佛龛碑》，文云："莫高窟者，厥初秦建元二年，有沙门乐僔，戒行清虚，执心恬静，尝杖锡林野，行至此山，忽见金光，状有千佛，遂架空凿岩，造窟一龛。次有法良禅师，从东届此，又于僔师窟侧，更即营建。伽蓝之起，滥觞于二僧。"[1] 第156窟张议潮功德窟墨书《莫高窟记》和敦煌遗书伯2551卷背武周李克让修佛龛碑录文大致相同。据徐松《西域水道记》，清乾隆癸卯年（1783）敦煌一位耆士赵吉曾在峭壁里掘到一截残碑，有文亦云："秦建元二年沙门乐僔立。"诸说一脉相承。但敦煌遗书伯2691卷背《沙州志》又云"从永和九年癸丑岁创建，至今大汉乾祐二年己酉岁，□得五百九十六年"，从乾祐二年（949）往前推596年，则是东晋永和九年或前凉永乐八年（353）。

到底莫高窟创建于哪个年头，现在不好遽断，根据目前对莫高窟现存早期洞窟的研究成果，也很难为论断上述两类记录初凿年代的材料之一提供实证。总之，说353年或366年都有相当的根据。那正是敦煌经历了自西汉武帝以后五百年大致安定的开发时期，有了相当的物质文化基础，又处中原动乱即将波及的气氛紧张的前夜，莫高窟就是在十六国的前凉或前秦那个社会转变时期创建的。甘肃省博物馆藏国内现存最早佛

---

[1] 碑出莫高窟第332窟，武周圣历元年沙门寥廓立。

经写本《法句经》，卷末有沙弥净明题的两个东晋年号，升平十二年（368）和咸安三年（373），据信是石室出的前凉遗物。许国霖《敦煌石室写经题记与敦煌杂录》还著录有前秦甘露元年（359）的《譬喻经》和甘露二年（360）的《维摩经义》两个写本。这些或可作为敦煌石窟寺初建年代的旁证。[①]《高僧传》记这时的两个敦煌僧人，建武十二年（346）东去邺城，能"诵经四十余万言"的单道开和"游江左……移始丰赤城山石室坐禅"的竺昙猷[②]，似也可作为当时敦煌有佛教活动而可能开凿石窟寺的佐证。稍晚些，北凉大和尚昙无谶曾在敦煌译经，当时敦煌"村坞相属，多有塔寺"[③]，佛事已经兴旺。今存最早石窟不晚于这5世纪初的北凉时，自有其缘故。联系"敦煌菩萨"和索靖题壁等事迹考虑，恐怕不能断然排除莫高窟在东晋前凉年间的公元353年创建的可能性。

关于莫高窟的洞窟编号，主要有六家：一是伯希和1908年编号，代号P，共182号，配摄影图版和立面图方便使用；二是1922年敦煌官厅编号，共353号；三是1935年高良佐编号，共207号；四是1941年张大千编号，代号C，共309号，粉底墨书于洞口，比较醒目，但对壁画不无损伤；五是1944年史岩编号，共589号；六是敦煌文物研究所编号，代号A，1949年前已应用，现定为492号。可以参看《文物参考资料》

[①] 许氏著录中还有西晋元康二年（292）的《诸佛要集经》，年代稍早，实物也不知下落，需辨别真伪。
[②] 《高僧传》卷9《晋罗浮山单道开传》，卷11《晋始丰赤城山竺昙猷传》。
[③] 《魏书》卷114《释老志》。

第 2 卷第 5 期刊登的《敦煌千佛洞各家编号对照表》。本书使用当前国内外最通用的敦煌文物研究所编号。

莫高窟现存十六国时期所开窟 7 个，即第 267、268、269、270、271、272 和 275 窟。其中第 267、269、270、271 等窟隋代又修过，其余三窟也都经过后代重修，壁画、雕塑和窟形都不完全是原貌。

莫高窟的全部洞窟分布在南北长约 1600 米的崖面上，绝大部分集中在南段 900 米的崖面，上下作三四层。十六国时期七个窟即位于南段中心崖面中层的黄金区域，其中第 267 至 271 五个编号实为一窟，第 268 窟是主室，其余四个是南北两壁上开的禅窟，第 269、267 窟在南，第 270、271 窟在北，四个禅窟内壁画是隋代加的。位于西侧相对的第 267、271 两个禅窟，被清末王道士穿洞毁去大半。禅窟的配置是当时敦煌地区盛行禅业的反映，尤其是北凉沮渠氏的佛教，最重禅业，这组寺窟或即北凉时建。这种形制应是模仿印度毗诃罗窟（僧房）的布局。

这批洞窟的顶部有几种形式，禅窟都是平顶，第 268 窟顶部用泥塑叠涩式仿木构平棋装饰，与沂南汉墓石刻平棋基本相同，都是从木构建筑脱胎而来。平面近方形的第 272 窟窟顶略呈覆斗状，是莫高窟现存第一个叠涩式藻井。第 275 窟窟顶为纵向人字披形，上浮塑脊枋和椽子，也是拟木构建筑的艺术形式。

十六国时期所塑都是单身塑像，多以弥勒菩萨为主尊。公认是这时期标准的第 275 窟，在南北壁上部的阙形龛中塑了形象各异的交脚弥勒像，所以也被称作弥勒窟。阙楼象征兜率天，是弥勒所住的西方净土世界。西晋末竺法护在敦煌译的《佛说弥勒菩萨下生经》中说"弥勒出身，国土丰乐"，表现人们盼望未来佛弥勒救世，超脱动乱的愿望，富有时代特征。弥勒交脚而坐是比较早期的形象，头部比例明显过大，要占到腰以上一半的样子，也是早期造像的特点。

第272窟西壁画的菩萨是西域式的，那上身裸露的形象，用圆弧和圆圈形粗线条勾勒眼、脸、胸、腹的笔法，在新疆拜城克孜尔、鄯善吐峪沟等处早期洞窟壁画中常见，立体感很强，最早是从印度传来的，即凹凸画法，也叫晕染法或天竺画法。潘絜兹先生指出："这种画法是用深色描绘外缘，渐至中间渐浅，最后以白粉点染。这是过去中国绘画所未见的。"[1]

第275窟南壁龛下画佛传故事。北壁龛下自西向东画毗楞竭梨王身研千钉、虔阇尼婆梨王剜身燃千灯、尸毗王割肉喂鹰、月光王以头施人、快目王施眼等本生故事。本生故事讲佛前生施善的种种经历。毗楞竭梨王为闻一偈真言，不惜于身上研千钉。画面上毗楞竭梨王端坐中央，右侧一婆罗门，以左手扶钉。右手挥锤，朝他胸部钉钢钉，王的胸、腹、双臂已有若干石绿色锥形钉状物，左膝下一眷属单腿而跪，掩面痛哭。虔阇尼婆梨王也为闻佛法偈言而剜自身肉，用作千灯。画面上虔阇尼婆梨王端坐中央，右侧一婆罗门，以左手扶王身，右手捧一支正在燃烧的脂炷，左侧一眷属支颐悲哭。尸毗王行菩萨道，帝释

---

[1] 潘絜兹：《敦煌莫高窟艺术》，上海人民出版社1952年版。

天为考验他，与其臣下化作鹰和鸽，鸽被鹰追，飞至尸毗王腋下求救。鹰来索鸽为食，为救鸽命，也为怜悯鹰不得食会饿毙，尸毗王割自己身上与鸽重等量的肉喂鹰以贸鸽。画面上鸽子安卧在秤左边盘内，右边尸毗王身上割下的肉怎么也压不住秤，王便举身入右盘中。月光王慷慨行善，名扬四方，婆罗门来乞施头，月光王应允。画面上月光王头发系于树上，身后婆罗门举刀欲砍。快目王则答应施舍双眼给一盲婆罗门，画面上快目王盘腿而坐，右前方一人持针状物刺向他眼部。这类宣扬苦难、忍痛牺牲、累世修炼的题材，在莫高窟壁画中出现最早，充满血腥恐怖，是时代苦难的折映。壁画下部并列画有 30 来个供养人，个头很小，身高不及菩萨膝头。在早期洞窟壁画上，供养人不是重大题材，处在很不显眼的地位。他们各人身旁有一白色长方白条题名。这种格式和后来是一样的，不过这时题名也是小小的一条，远没有盛唐以后，出资修窟的供养人形象顶天立地，似要压倒一切的规模气势。

第 268、272、275 窟都有飞天（乾闼婆），是佛教八部护法之一、乐舞散花之神，与中国传统的遍身长羽毛的羽人不同，也与靠彩云承托的印度乾闼婆不同，飞天是靠飘带翱翔蓝天的。中国化的飞天是全新的艺术创造，以后更发展繁荣，成为敦煌艺术美的代表。

十六国时期敦煌的历史兴衰交替。前期一个世纪敦煌局面安定，上升发展，海内称名邦。自西凉李暠建初元年（405）改都酒泉，人户皆迁走，敦煌进入衰落时期。420 年北凉灭西凉，次年沮渠蒙逊再度攻破敦煌后"屠其城"[①]。439年北魏军灭北凉后于441年继续西击占据酒泉、敦煌的沮渠无讳（沮渠蒙逊子），442年"无讳自率万余家，弃敦煌，西就安周（无讳弟，在鄯善）"[②]。是年，李暠孙李宝自伊吾率众二千人重据敦煌，缮修城府，安集故民，敦煌才开始从连续打击下的极度衰败中复苏。李宝这时归附了北魏。大约三年后，李宝被召往平城（今山西大同），北魏在敦煌设军镇，河西走廊西端的军政中心又从酒泉移到敦煌，敦煌再度进入发展时期。

十六国时期敦煌这一治乱兴衰的反复，后期战乱带来的恐怖和灾难，也刺激了佛教发展。在沮渠蒙逊屠城之后不久，罽宾僧人昙摩密多于423年从龟兹到敦煌，便建立寺院。但现存十六国时期洞窟不多，又未能发现有关任何一窟的确切纪年资料，现在对这些洞窟的断代，专家们还有不同意见。宿白先生认为第275窟是接近大约开凿于孝文帝初迄于太和十三年（471—489）的云冈第7、8和9、10两组窟的。[③] 对此，樊锦诗等在《敦煌莫高窟北朝洞窟的分期》一文中，比较系统地提出了他们的见解。他们将第268、272、275三窟作为北朝的第一期石窟，用和云冈第一期洞窟等有较明确年代的材料作对比的办法来判定时代，指出莫高窟北朝第一期与云冈第一期昙曜五窟情况相同。一些重要特点，如都没有

---

① 《晋书》卷87《凉武昭王李玄盛传附李歆传》。
② 《宋书》卷98《大沮渠蒙逊传》。
③ 见《敦煌莫高窟早期洞窟杂考》，《大公报在港复刊三十周年纪念文集》上册；《敦煌二千年》（之一），《丝路访古》，甘肃人民出版社1983年版。

中心塔柱窟,都不塑胁侍塑像,以及造型相似的交脚弥勒(宿白先生认为应是交脚转轮王)和体态笨拙的飞天等,特别是这样形象的飞天并见于炳灵寺第169窟西秦建弘元年(420)前后的壁画中,表明它们在年代上应大体相同。因为和平年间(460—465)主持云冈第一期昙曜五窟工程的昙曜来自凉州,其造像风格应是凉州造像风格的继续。莫高窟北朝第一期艺术同样也应该源于凉州,敦煌在公元421—442年左右是由北凉政权统治的。因此论断:"莫高窟北朝第一期洞窟的开凿时代,大致相当于北凉据有敦煌的这段时间。"① 现存莫高窟诸洞的第一个兴修高潮——不一定是开第一个窟——或即在崇佛的北凉统治敦煌之时。

对于记载上莫高窟最早的乐僔、法良窟,贺世哲根据第267—271窟这一组洞窟壁画复杂的三个层位的关系做过推测:"270窟经过两次重修。现在的表层是隋画千佛。第二层是北凉画的金刚力士。北凉画下层还有一层泥皮,厚约一厘米,泥皮抹白灰,什么也没有画。268窟西壁龛下的供养人画像也经过两次重修,表层是北凉画供养人像,形象、服饰都较笨拙,有些类似炳灵寺169窟建弘元年(420)壁画下层的供养人像。北凉供养人画像下层还有一层供养人像,现在只脱落出一身,着红色服装,形象看不清。在这一层壁画下面,还有一层白灰皮,薄如蛋壳,抹得很光,但未绘画。按公元420年北凉灭西凉,占领敦煌,267—271窟里的北凉画当画于420年以后。268窟

---

① 见《敦煌研究文集》,甘肃人民出版社1982年版。

北凉画下层的供养人像画于何时,现在还搞不清。在画这一层画之前,这一组洞窟可能还有一段时间什么也没有画,大概是专供禅僧坐禅修行用的。"当然这也就在北凉之前许久了,因此贺世哲提到创建莫高窟的乐僔和法良,推测"267—271这一组禅窟,也许就是他们两位中的哪一位当年用过的禅窟"[①]。

看来,要统一对现定为十六国期窟的这批洞子开凿年代的认识,更具体恰切地将历史背景和洞窟内容联系起来讲清楚,确实还有待于今后新发现的资料来证明,还有待于更进一步的研究。或许借助红外摄影等新技术,能很快揭示尚未暴露的那些层壁画的秘密。

二、北魏时期的敦煌及画塑(442—534)

太延五年(439)北魏攻灭建都张掖的北凉,标志着北方的统一,但敦煌地区还经过几年反复,到442年北凉沮渠氏余部才撤出,敦煌旋即被李暠孙李宝占据。李宝遣其弟为使去平城要求内附,北魏封李宝为沙州牧、敦煌公。444年北魏将李宝召往平城,敦煌置于北魏直接控制下。直到大统元年(535)正月西魏建国前,敦煌在北魏治下实有九十三年(442—534)。

北魏为控制北凉旧地,在河西凉州和敦煌设镇。敦煌镇都大将辖晋昌戍、乐涫戍、酒泉军、张掖军。北魏为打通西域交通,5世纪40年代中接连向鄯善、焉耆、龟兹用兵,俱获胜,

---

[①] 见《敦煌莫高窟北朝石窟与禅观》,《敦煌研究文集》甘肃人民出版社1982年版。

丝路南道打通，"自葱岭以西，至于大秦，百国千城，莫不款赴，胡商贩客，日奔塞下"①。这时的敦煌是北魏经营西域的基地。但北道高昌以东还是在柔然控制下。50年代至70年代柔然称霸西域，北魏的势力后退，河西敦煌在柔然、吐谷浑的夹峙下，屡被寇逼，岌岌不安。孝文帝延兴四年（474）朝中屡议放弃敦煌，"尚书奏以敦煌一镇，介远西北，寇贼路冲，虑或不固，欲移就凉州。群官会议，佥以为然。（韩）秀独谓非便……一旦废罢，是启戎心……乃从秀议"②。八九十年代，由于高车兴起，与北魏呼应，击破柔然，柔然衰微，敦煌才安定下来。

在这阶段里影响莫高窟发展的其他因素，如魏灭北凉，徙沮渠牧犍宗族及吏民三万户于平城，"沙门佛事皆俱东"③，这些对内地佛教，特别是对云冈乃至龙门石窟的开凿起了促进作用的因素，显然也会影响凉州本地以及敦煌石窟的发展。再就是太武帝毁法事件。拓跋焘是崇奉道教的，太延六年（440）他改元太平真君，意指自己是奉太上老君之命统治人间世界的君主，这个年号他用了十二年。太平真君七年（446）在道士寇谦之、道徒崔浩策划下大规模废佛，诏"有司宣告征镇诸军、刺史，诸有佛图形像及胡经，尽皆击破焚烧，沙门无少长悉坑

---

① 《洛阳伽蓝记》卷3。
② 《魏书》卷42《韩秀传》。
③ 《魏书》卷114《释老志》。

之"①，以致"塔庙在魏境者无复孑遗"②。六年后太武帝被谋杀，文成帝即位，初复佛法。因此北魏统治敦煌之初几年里，莫高窟不可能有大规模的兴建。

大约在太和九年（485），穆亮任敦煌镇都大将，"政尚宽简，赈恤穷乏"③，对敦煌的发展起了些作用。太和十八、十九年（494、495），孝文帝迁都洛阳后，西域胡僧到洛阳的多达三千，龙门石窟大规模营建，佛教进入兴盛时期。从当时柔然未灭，敦煌人宋云西去天竺时（518—522）还得取道青海来看，中西交通并不十分畅通。6世纪初，敦煌、酒泉仍"空虚尤甚"④，限于当地人力财力，莫高窟的发展还是受局限的，北魏一代建窟为数不多，原因即在此。

正光五年（524）春，北边爆发六镇起义；八月，孝明帝下诏："诸州镇军贯，元非犯配者，悉免为民，镇改为州，依旧立称。"⑤敦煌镇改为州，因当地盛产美瓜取名"瓜州"。声势浩大的六镇起义和关陇起义在河西地区有些反响，凉州出现宇文仲和割据，瓜州晋昌一带也都有小规模起义，刺史太守被杀，州城被占领。北魏末年在敦煌的统治不稳，于是改派大员，孝昌元年（525）崇信佛教的明元帝四世孙元荣出任瓜州刺史。

---

① 《魏书》卷114《释老志》。
② 《资治通鉴》卷124元嘉二十三年二月条。《高僧传》卷10《宋伪魏长安释昙始传》亦云："太平七年遂毁灭佛法。分遣军兵，烧掠寺舍，统内僧尼，悉令罢道。其有窜逸者，皆遣人追捕，得必枭斩。一境之内，无复沙门。"
③ 《魏书》卷27《穆崇传》。
④ 《魏书》卷69《袁翻传》。
⑤ 《魏书》卷9《肃宗纪》。

元荣利用佛教稳固政权，大兴佛事，莫高窟才有成批洞窟修建，武周圣历碑（李克让碑）言及此事，今编号第 246、248、431、435、437 等窟可能就是他开的，而且这一建窟活动在他任上一直延续到西魏大统十年（544），共十七八年，这是继北凉时期之后的第二个兴建高潮。

北魏窟现存 15 个，即第 246、248、251、254、257、259、260、263、265、273、431、435、437、441、487 窟。[①] 除了附设的小型禅定像龛第 273 窟，其余都经过后代重修。第 260 窟于 1920 年被白俄军占住时，熏毁严重。

北魏窟的形制有些变化。十六国时期的第 268、272、275 窟那三种不同的窟形不再得见了，最引人注目的是出现了中心塔柱窟（塔庙），而且成为这时期的基本窟形，五个庙也是如此。这是模仿印度支提（塔的一种，无收藏舍利者）的形制，加以民族化的窟建形式。

与这个变化相适应，北魏窟的基本结构为窟室前部作屋宇式的人字披间，模仿木构房屋凿出椽柱斗拱加彩绘，椽条之间铺陈美丽的图案。如第 251 和 254 窟，在前壁门道上方，还凿有通光的方形明窗，具有浓厚的生活气息和民族特征。窟室后部中央保留一个从地面到窟顶的中心塔柱，柱身上部贴影塑（类

---

① 史苇湘先生《丝绸之路上的敦煌与莫高窟》说现存北魏窟十一个，未说明窟号，文载《敦煌研究文集》。这里仍按《敦煌莫高窟内容总录》作统计。史先生在该书说明中列元魏前后期共十八窟，是包括西魏窟在内的，具体断代和总录正文亦不尽相同。又马德先生称，据敦煌研究院专家考察，第 248 窟的时代应晚于 249 窟，见《莫高窟崖面使用刍议》，《敦煌学辑刊》1990 年第 1 期。

似浮雕，事先用模子塑好后贴在柱壁上的）。这种窟形结构，前庭便于礼佛跪拜，后庭可以围绕塔柱观瞻佛像，这是沿用印度礼佛仪式，为进香时回旋巡礼观相而设计建造的，正发展在我国禅学盛行，讲究观佛"三十二相八十种好"之时。第259窟比较特殊，后壁中部凿成凸出的半个中心塔柱，仅正面开龛造像，两侧塑胁侍菩萨立像，这是中心塔柱还不成熟不完备的形式。其余第246、248、251、254、257、260、263、265、431、435、437等十一窟都是脱离了后壁的完整中心柱。

壁画布局和以前十六国时期相似，一般都有一定的整体规划，大致是顶部画装饰图案藻井、平棋加椽间自由图案，四壁腰部即人们平视的最佳部位画佛像和主题故事画，其下画小身供养人行列，四壁上端绕窟一周画天宫伎乐，四壁下段画金刚力士，其余壁面密布千佛，组成一个庄严神圣的佛国世界。

佛像画是供信众礼拜供养的。早期佛像主要是阿弥陀佛和释迦佛，形象上没有什么区别。早期以佛为主体的说法图比较简单，有的就是单纯的说法相，旁边两个胁侍菩萨。也有如第263窟北壁佛传内容的大型壁画，居中是佛像，周围环绕舞姿优美的菩萨，上有飞天散花，佛座下有法轮，轮旁为双鹿，是释迦牟尼成佛后第一次说法的佛传画《鹿野苑初转法轮》。北魏晚期的说法图则场面宏大、人物众多。如第248窟南北壁均为大型说法图。中间画结跏趺坐佛像，神态庄严，侍立两侧的菩萨活泼生动，绰约多姿，有的交头接耳窃窃私语，有的挥臂扬手翩翩起舞，有的虔诚献花，有的挽臂嬉游，已冲淡了宗教法堂的神秘气氛，增添了浓厚的人间情趣，预示未来壁画主题将发生的巨大变化。顺便说明一下，佛或佛陀，意为觉者，修行圆满取得正果为佛；菩萨是菩提萨埵的简称，意为寻求觉悟，以佛陀为目标，还在修行中，地位低于佛陀。佛至尊无上，无论过去佛、未来佛都一个面孔，神态庄重，不便辄改，于是这些壁画就在菩萨身上下功夫，寄托人间情趣和美学追求的创作，使菩萨的形象越来越接近民间活泼美丽善良的年轻女性。

这时期的主题故事画可分佛传故事、佛本生故事、因缘故事等。佛传故事宣扬释迦牟尼生平事迹，如第431窟的乘象入胎和夜半逾城，第260、263窟的鹿野苑三转法轮说法图；本生故事宣扬释迦前生的善行，如第254窟的萨埵那太子舍身饲虎、尸毗王割肉救鸽，第257窟的九色鹿拯救溺人；因缘故事宣扬与佛有关的度化事迹，如第257窟的沙弥守戒自杀、须摩提女焚香请佛。第254窟的难陀出家因缘是莫高窟壁画中的孤品，画面中心是释迦坐大篱堆（草庵）中，两侧画飞天礼佛，诸菩萨侍立，诸弟子列坐小篱堆中围绕听法。释迦右侧有持剃刀的戒师，左侧有持金刚杵的护法力士。画面左右两角各画携手抚肩的男女三人，情意缠绵，作依恋难舍之状。

除此以外的经变故事画，还有第246窟的文殊变、普贤变，第254、260、263等窟的降魔变，数量少，内容也比较简单。大凡佛教的传布，先以佛经故事形式作宣传，而后讲经，佛经要经过译出再转成经变故事图像上壁成画，得有个过程，所以早期洞窟多简单的说法图，不像后期洞窟那样充斥内容丰富繁杂的经变画。

北魏壁画仍是以各种弧线圆圈勾勒出画像的颜面、躯体、手足，立体感强，肉体明暗晕染，白鼻梁、白眼眶，习称"小字脸"，保留着印度传来的"凹凸画法"的遗意。画人体时，先以银朱加胡粉，调成水红色，涂满全身，再以较浓重的红粉在颜面、四肢边缘画出宽线轮廓，最后全身罩一层胡粉。所用矿物质重色中，青绿朱黄永不变色，银朱与白粉中的硫化汞和硫酸铅经氧化变黑，如现在第254窟北壁尸毗王本生故事画中那些粗黑的线条，其实并非原色。这颜色的变化，更使人感到北魏壁画有一种粗放旷达的味道。壁画布局不合透视原理，也增加了粗犷的韵味。

北魏时期的塑像，佛的两旁一般都有了胁侍菩萨，左右各一尊，应是来源于封建帝王"左辅右弼"之制。这时只是一佛二菩萨为一组的结构，没有佛弟子迦叶、阿难的塑像；稍复杂的一佛二弟子二菩萨共五身为一铺的结构，是以后才出现的。

古印度传来的以衣褶线纹流畅著称的犍陀罗艺术风格，在这时还很有影响。如第259窟北壁东龛坐佛，衣纹处理深浅适度，刀法灵活，疏密变化协调，纹路清晰优美，是一个很成功的典型例子。第248窟中心柱南面龛右侧一身菩萨，泥塑与彩绘原貌保存完好，面目清秀，表情恬和，上身袒胸，长裙衣褶的阴刻线，表现出薄如丝绸的质感。第254窟南壁交脚弥勒像的下装裙，也保留着犍陀罗衣褶的形式，不过整个服装冠戴已改为紧身的北朝装束，坐式也和印度佛像的"结跏趺坐"（莲坐）或"安乐坐"式毫无共同之处。有人认为可能与拓跋氏上层人物两腿交叉显示尊贵的坐式相符合，反映民族特色。不过至少在北魏势力到达敦煌前，十六国北凉窟中弥勒菩萨就已是这种交脚而坐的形式。这个问题的解释，也许可以用平城时代的北魏已与凉州、西域有密切往来交流来说明。

另外要注意萨珊王朝极盛的5、6世纪时，伊朗对敦煌的影响。威廉·沃森指出："敦煌257窟出色的壁画描绘了九色鹿王本生故事的各种场面，从中可以看出一种普遍的伊朗影响。使用黑红色的统一底子，均匀地散布着传统的花枝文饰，飘动的绸带，花冠和窄袖长衣，见于此窟与其他早期洞窟，都显示出波斯的影响。"[①]

九色鹿故事有两个情节一致的译本，一为月支人支谦译的《佛说九色鹿经》，一为三国时康居僧康僧会译的《六度经集》中的《修凡鹿王本生》。敦煌257窟用十个画面来表现这故事。1.激流中的落水人呼救；2.九色鹿闻声来到水边；3.九色鹿跳入激流，驮落水人上岸；4.落水人跪称愿当奴仆，为鹿寻觅水草，以报救命之恩，九色鹿只嘱他不要告诉别人自己所在，以免加害自己，落水人发誓而去；5.皇后说梦见一鹿，皮毛九色，要国王捕来给她当垫褥，国王悬赏，捕得九色鹿者，赏一金碗银粟，一银碗金粟，并分给他国家的一半；6.落水人在重赏面前背誓，向国王告密；7.国王乘车出宫，落水人车前引路；8.国王改乘马，入山捕鹿；9.九色鹿安眠荒谷，好友乌鸦啄耳告警；10.九色鹿惊起，挺立国王面前，控诉落水人恶行，溺人遭到惩罚，满身生疮，口吐恶臭，人人讨厌。这幅再创作的连环画面，舍弃了佛经中国王大出人马，兵围九色鹿数重，武士引弓欲射鹿这

[①] [英]威廉·沃森：《伊朗与中国》，马小鹤译，《中外关系史译丛》第三辑，上海译文出版社1986年版。

些剑拔弩张的场面，画中国王只有一个张盖的侍从，一个驾马车的御者，没有武士，突出了平静和谐的情趣。甚至改掉了佛经中九色鹿跪膝叩头，长跪向王的形象，让九色鹿昂首挺立，理直气壮地与国王对话，更鲜明地表现颂扬正义鞭挞邪恶的主题。北魏257窟的九色鹿连环画是敦煌壁画杰出的代表作之一，是中国式的印度民间故事画，是中印、中西文化交流的产物。[1]

魏塑躯体挺直，肩宽腰细，有的衣褶劲利如锥刀，有的轻薄流畅已近"曹衣出水"风格。第259窟坐佛，所着有密集装饰性衣纹的赤色布僧伽犁，如薄纱透体，即有三国吴曹不兴画遗韵。面塑有的浑厚含蓄，表情淡漠超脱，有的清癯瘦削，给人以睿智、威严、坚定的感觉，这里除了有外来的影响，也有南朝士人崇尚秀骨清相的病态审美观的影响，无疑反映着北国仍尊崇南朝为华夏文化正统所在而刻意模仿的风尚，特别是南朝褒衣博带式的衣冠也在北魏末的洞窟中出现，更说明了这一点。第437窟中心柱上方影塑的十几身彩塑飞天，身着露体长裙，拖摆裹足，已不同于北凉时代壁画中袒露上身和双足，保存印度天神特征的飞天形象，显然是受到褒衣博带式内地服装影响了。秀骨清相和褒衣博带是北魏末彩塑的新内容，是孝昌中东阳王出任瓜州刺史后才大量出现的，由此更让人想到那是他从中原带来的，使敦煌石窟艺术更富有民族特点。进入西魏、北周以后，这还是一个重要的继续发展着的变化。

魏塑的另一个杰作是第259窟西壁佛龛南侧的菩萨像。行

---

[1] 参见段文杰：《九色鹿连环画的艺术特色》，《敦煌研究》1991年第3期。

家指出，乍看这尊塑像，脸部表情似平常无奇，但若你离去时回眸一顾，却能见到菩萨由心里发出的恬静而隐秘的微笑，让你惊奇而慑服于佛教艺术的魅力。[1]

关于塑像的制作方法，魏、隋和唐塑大致相同。特大型的彩塑大都凿刻岩石为内胎，然后在表面包糊紫泥妆塑，一般造像则以十字形的木架为头及身段的主要骨架，包扎芦苇（唐塑改用芨芨草），四肢用麻绳缚紧，然后用麦草和黄泥捏在芦苇上，经过晾干，表面用麻筋搅和用七成河床里沉淀的澄板土加三成细砂合成的细泥，上一层一厘米厚的泥膏，塑造形体表面较细致的五官、衣褶、佩饰等部分，涂上加胶垩白的底色，最后再敷彩。第254窟的一尊类似高雕的佛像手臂断残处，可以清楚地看出这样用草泥为内胎以及用芦苇扎成肢架的塑造工艺，这身塑像袈裟上轻薄微凸的襞褶，可能是模塑的。此外，通过对一个莫高窟沙土中拾到的残破小佛头的研究，又发现一种陶胎粗布夹杂泥土的夹纻型工艺，应是我国最早留有姓名的雕塑艺术家、4世纪时人戴安道建招隐寺，手造"五夹纻像"[2]所创造的新工艺。只是这件文物已无从判断年代，只能证明敦煌彩塑工艺也是多种多样、不拘一格的。

塑像的敷彩，北魏和十六国时一样。一般比较简朴沉着，主要用土红、石绿、石青、白、黑等几种颜色。佛像多以土红大面积涂通肩袖衣，菩萨的裳裙飘带多用石青、石绿等色，调出深浅，叠染而成，面部及手脚则用白色或肉色。髦髻、眉须、

---

[1] 参见谢成水：《敦煌艺术美学巡礼》，《敦煌研究》1991年第2期。
[2] 法琳：《辩正论》卷3，《大正大藏经》第52卷《史传部四》。

眼睛、眼睑和人中，则描以石青、石绿、黑、土红等色。个别的，如第254窟那尊双臂已残的佛像，头面和背光上还残存着明亮的金饰，但金饰是原塑就有的，还是后代妆修的，还要研究。

三、西魏时期的敦煌及画塑（535—557）

北魏末镇压各地起义的高欢、宇文泰两大军事集团发生分裂，造成东、西魏和以后北齐、北周政权的分立。镇压河北起义的高欢集团控制了洛阳、邺城，534年北魏孝武帝西奔长安后，高欢另立孝静帝，史称东魏。入关镇压关陇起义的宇文泰集团控制了长安，535年宇文泰鸩杀孝武帝，另立文帝，史称西魏。自此敦煌在西魏政权辖下。

掌握西魏、北周、隋、初唐政权的宇文氏、杨氏、李氏，同出武川军镇，先都是在边镇被排抑在门阀特权阶层之外的中下层军官。他们依仗武力军功掌握了国家最高权力，这些家族也因而跻身于最高等门阀。但这一关陇集团中人并非士族旧门，他们在政策上不完全因袭旧制，有许多革新，彼此继承并发展了均田、租庸调、府兵、科举等制度。在思想意识上也不属顽固守旧的保守派，富有少数民族开朗旷达的气质，一反南朝士人颓废夸诞的腐儒习气。在和强大的东魏、北齐政权对抗竞争中，自强不息，最后反弱为强，击败了对方，完成重新统一北方的大业。西魏、北周是我们国家走向又一兴旺发达时期的起点。西魏邓彦为原敦煌县所立的配水法则，"古老相传，用为法制"①，入隋唐后，仍然遵用，即是孜孜求治的一例。由此造成的生机勃勃景象，在敦煌艺术中也有明显的反映。西魏时期的壁画图案开始变得富丽多彩，十分醒目，给人留下很深的印象。

西魏时期开 7 窟，即第 247、249、285、286、288、432、461 窟。其中第 285 窟有大统四年和五年（538、539）的题记，前者即北壁东起第一铺滑黑奴造无量寿佛发愿文。该窟是莫高窟最早的也是隋以前唯一有纪年题记的洞窟，是元荣时开的，西魏初他曾以宗室王身份留任瓜州刺史。

西魏七窟的位置仍在崖面南段中心的中上层，与前两期洞窟错综夹杂在一起，南北不过一百五十多米，仍无一在今地表面上的第一层。

这七个窟中，第 285 窟南、北壁各开四个禅窟，此窟和第 249 窟的窟形也改变成覆斗式方形顶。第 288 窟和 432 窟有中心塔柱，正面（东向面）开一龛，其余三面分上下两层开龛或塑像。另外五窟是人字披顶或覆斗顶，有的在西壁开一龛，唯有上述带禅窟的第 285 窟在西壁开了三个龛。伯希和认为此窟风格古老，时代定为北魏，他认为第 288 窟也是北魏窟。②

第 285 窟壁画中新出现的因缘故事"五百强盗成佛"（得眼林），显然和政治形势有关。北魏末凉州刺史宇文仲和割据时，瓜州城民张保杀刺史成庆自立，晋昌民吕兴杀太守郭肆响

---

① 敦煌遗书伯 3560《沙州敦煌县地方用水灌田施行细则》。
② ［法］尼迪埃－尼古拉：《伯希和敦煌石窟笔记》第三卷序言，译文见《中国敦煌吐鲁番学会通讯》1985 年总第 4 期。

应张保,最后吕兴、张保被瓜州主簿令狐整镇压。这一系列事变使统治者需要从佛经中搬来这一段故事替他们开导"强盗"。得眼林故事讲五百强盗战败被俘后被剜眼,放逐山林,天神用香山药使他们双眼复明,佛亲自现身说法,使强盗皈依教门,最后成佛。壁画形象地反映了当时的战争、刑罚、兵甲、服饰等方面的情况,有丰富的社会内容。单檐歇山顶大殿,人字形的拱架,又反映建筑特点,是西魏壁画的代表作。窟内壁画千佛密布,也是这时期题材的一大特点。众多的供养人画则为研究河西鲜卑的历史提供了资料。

索头鲜卑脑后垂小辫。而如史苇湘指出的:平民供养人"男着毡帽,身穿窄袖齐膝裤褶;女结双髻,着间色裙","而着汉族官服的是鲜卑族官吏,穿鲜卑裤褶的平民却是本地汉人"。他还注意到故事壁画中的国王、大臣与贵族供养人的衣冠服饰同属一式,而强盗、刽子手与平民供养人的衣冠服饰同属一式。[①]

第285窟壁画中沙弥守戒自杀因缘故事画,依据是《贤愚经·沙弥守戒自杀品》,表现一乞食沙弥,见开门的少女"作诸妖媚,摇肩顾影,深现欲相",沙弥不为财色所动,心念"宁舍身命,终不破戒",寻一剃刀刎颈死。画面虽不如北魏第257窟完整,但少女形象由北魏第257窟的龟兹装变为大袖裙襦的南朝闺秀,见沙弥后,也没忸怩作态,而是在屋顶上画一只猕猴,隐喻她心猿意马,艺术手法比较含蓄。[②]

[①] 参见马德:《一代尊师 学界楷模——史苇湘先生的献身精神与学术成就》,《敦煌研究》2000年第3期。
[②] 参见蔡伟堂:《莫高窟中的沙弥守戒自杀图研究》,《敦煌研究》1997年第4期。

西魏壁画中的新题材，还有如第285窟持矩的伏羲、持规的女娲和擂鼓的雷公，第249窟的东王公、西王母，还有羽人，都是典型的民族神话传说人物。两窟窟顶东西披的乌获，近年被辨认出来，乌获为战国时力士，见于《孟子·告子下》，这里作虎头人身、头生双角、手足有爪、双肩生翼的护法天神形象。但也有人认为被释为雷公的应是阿修罗护法神，被三十三天帝释天打败押在须弥山下，东王公、西王母则是帝释天和帝释天妃。看来二说都有一定道理，画师在作画时是将中外两种内容注入同一形象里了。① 更有认为第249窟西披表现的是维摩诘经变，南北披表现的是道家的仙界景象，这是当时佛教净土思想与道家的仙界思想合流的具体反映。②

研究社会生活，还可注意第249窟窟顶北披下部所绘的狩猎场面。画面表现西北少数民族游牧生活，其中奔逃的野牛边跑边回头张望，把惊恐万状的心态表现得淋漓尽致。而该窟壁画天宫伎乐，动作夸张，气氛热烈，有认为是表现帝释天所在的"忉利天"天宫的欢乐幸福。所见乐器有法螺、竖笛、筚篥、腰鼓、曲颈琵琶、横笛、笙篁、排箫、阮咸，又是研究我国音乐舞蹈史的形象资料。

第432窟的影塑飞天是现存北朝影塑的精品。该窟主尊南侧的胁侍菩萨，塑造细腻，形容端丽，体形修长，突破了北魏

---

① 对第249窟壁画的诠释，参宁强《上士登仙图与维摩诘经变——莫高窟第249窟窟顶壁画再探》，《敦煌研究》1990年第1期。
② 见张元林：《净土思想与仙界思想的合流——关于莫高窟第249窟窟顶西披壁画定名的再思考》，《敦煌研究》2003年第4期；段文杰：《早期的莫高窟艺术》，《中国石窟：敦煌莫高窟》，文物出版社1982年版。

以前人物粗短的格局，也是西魏时期的代表作。

这时佛、菩萨褒衣博带式服装取代了右袒式袈裟。第285窟东壁的众菩萨，东顶的伏羲、女娲和第432窟的主尊塑像，都是大袖汉服，还普遍是秀骨清相的面容。

褒衣博带式的服装和秀骨清相的面相，应仍与留在瓜州刺史任上的元荣有关，他继续将内地深受南朝影响的佛教艺术移植到敦煌。北魏末开始，敦煌石窟中出现大量的塑像中的菩萨、飞天，壁画中的国王、王子、夫人、大臣、侍从武士、供养人物，特别是褒衣博带，秀骨清相，神情潇洒的形象，与原有西域风格形成鲜明的对比：一瘦一壮、一静一动、一着衣一裸身、一描画细腻一立体感强。这表明敦煌石窟艺术正发生着很大变化。有学者认为绘有"五百强盗成佛"的第285窟的艺术风格、特点与它以前的十六国、北朝所有洞窟画塑迥然不同。如果说，以前的画塑为浓厚的印度和西域风格的话，那么第285窟多是全新的中原风格，除西壁仍为西域风的遗存，其余三壁，特别是南壁的"得眼林"，基本是中原式的画法，堪称莫高窟史上里程碑式的洞窟之一。[①] 而第285窟南壁的两身飞天全裸，且画出生殖器，可能时间稍前，又是前中国化艺术的遗存。总之，变化中的西魏时期，或者说自北魏太和以后，敦煌加强了与内地的联系，中原的、南方的艺术风格和思想对敦煌产生越来越明显的影响，这正是南北文化交融的反映，是国家将走向统一和平的美好征兆。

[①] 参见郑勤砚：《莫高窟"得眼林"壁画的艺术成就》，《敦煌研究》2001年第3期。

四、北周时期的敦煌及画塑（557—581）

宇文泰死后，他的第三子宇文觉（北周闵帝）废魏自立，建北周，时557年。

北周一代加速西魏的发展势头，尤其是宇文泰第四子宇文邕（北周武帝）在572年杀掉宇文护亲自执掌政权以后，全力推进统一事业。577年灭北齐统一北方，又取淮南，他志在"平突厥、定江南，一二年间，必使天下一统"[①]，但因病于578年猝然去世，壮志未酬，可是已经打开了全国统一的局面。隋唐统一强盛的王朝，就是在这个基础上发展起来的。

周武帝为增强国力，建德三年（574）下诏废佛灭法，把关、陇、梁、益、荆、襄地区几百年来僧侣地主的寺庙、土地、铜像、资产全部没收，把数达百万的僧侣和僧祇户、佛图户编为均田户。平齐后，又把北齐"八州寺庙，出四十千，尽赐王公，充为第宅。三方释子，减三百万，皆复军民，还归编户"[②]。一时"毁破佛寺塔，杀害诸僧众，劫夺佛僧物。病瘦诸比丘，不能走逃避，少壮强力者，散走于诸方"[③]。当时在瓜州大乘寺也毁过几座塔，对此《神州三宝感通录》有记载，但似未影响莫高窟的兴建，第220窟甬道南壁翟奉达的手书家谱可为证据，大概还是天高皇帝远的缘故。

北周时期对莫高窟的兴建最有影响的人物是于义，他就是

[①]《北史》卷10《周本纪下》。
[②]《历代三宝纪》卷11，《大正大藏经》第49卷《史传部一》。
[③]《大方等大集经》卷56《月藏分》第12《法尽灭品》，[北齐]那连提耶舍译，《大正大藏经》第13卷。

武周圣历碑中和东阳王并列的建平公。碑云："乐僔、法良发其宗，建平、东阳弘其迹。"北周时莫高窟的发展情况比西魏有过之而无不及。

莫高窟现存北周时期开的窟共15个，即第250、290、291、294、296、297、298、299、301、428、430、438、439、440、442等窟。①其中，第290、428、442三窟有中心塔柱，柱四面开龛，龛内塑佛说法像，但已不见西魏时的上下双层龛，都变成单层龛了。这个变化是北朝前期与后期的一个不同特点。

北周洞窟中最大的第428窟，也是莫高窟最大的中心塔柱窟，面积达178.38平方米，供养人画像约有一千二百身，研究者以为开此窟者非建平公莫属。

北周窟除了大之外，内容之丰富，描写之细腻，也是明显的进步。第290窟东西人字披各上、中、下三层的六条佛传故事画，从摩耶夫人梦见菩萨骑白象入胎，到太子捧马足夜半逾城，出家成佛等，共80余个情节，最为详尽，是我国现存早期最完整的传记性连环画。第428窟东壁门北侧画须达拏本生，从上层北端开始，作"Z"字形铺叙故事，表现慷慨的须达摩太子施战象，施马，施车，施衣，施二幼子，有19个情节。对应的门南侧萨埵那本生，则从上层南端开始，作"S"字形铺排，表现萨埵那太子与二兄进山狩猎遇饿虎，自己刺血投崖饲虎等15个情节，又补独角仙人本生和梵志夫妇摘花坠死故事，

---

① 史苇湘《关于敦煌莫高窟内容总录》无第291窟，有461窟，文见《敦煌莫高窟内容总录》第178页，但该书第106页说明第291窟南壁底层有北周画露出，第461标明是西魏窟。这里仍按《总录》正文统计。

使南北画面对称。这时由于译经数量渐多，经变故事画也多了，比如第296窟就有微妙比丘尼变、福田经变、善事太子入海品、得眼林故事、须阇提太子割肉济双亲等经变故事。还有东王公、西王母等传统题材，内容宏富。这些在4至6世纪流行的佛经故事，适应晋末以来动乱社会的现实情况，北周还处在这一历史时期走向终结，社会走向治理的过渡中，争战尚在继续，人民在苦难中还未得喘息，所以这一类妇女屡遭劫难、兄弟争夺财宝权力、"强盗"造反、国王太子逃难的宗教故事，成为有吸引力的历史题材。第299窟睒子孝养父母和须阇提品、善事太子入海品这一类讲孝悌的故事，首次在壁画中出现，应与周武帝灭法兴儒的政治有关，借以显示佛教与儒学亦有共通之处。

《睒子经变》是据佛本生故事《睒子至孝》所绘，亦称为《睒子变相》，内容是表现西晋时译出的《佛说睒子经》。故事的大意是，古印度迦夷国有一对失明的夫妻，无有子女，乞求天神垂怜，许愿若得一子，必入山修行。佛陀的前世一切妙行菩萨投生到盲夫妇家中，出生后起名为睒子。睒子长大成人后，对父母十分孝敬，劝导不愿再入山修行的父母实行前誓，盲夫妇把财产施舍给穷人，同睒子入山修行。睒子在山中搭结草庐，采摘山果，汲取泉水，供养父母。一天，迦夷国王入山狩猎，沿溪水追射野鹿。时逢睒子身披鹿皮，在溪边汲水。国王搭箭射鹿，不料误中睒子。睒子大呼："谁持一毒箭，射杀三道人？"国王闻声寻见来，睒子向国王讲述了在山中奉侍盲父母二十余年的经历，并叮嘱国王：自己死而无恨，只求国王能照顾两位失明的父母。国王悔恨自责，并遵照睒子的嘱咐，随即入山，拜见盲父母，讲述了睒子被误伤死去的经过。盲父母要求去见睒子的尸体，国王把盲父母牵引到睒子身边。盲父母一人抱头，一人抱足，伏尸痛哭，痛不欲生，乞求天神救活睒子。由于睒子的至孝善行感动天帝，天帝派一天神下凡，用灵丹妙药救活睒子，并使盲父母重见光明。迦夷国也从此风调雨顺，国富民安，昌盛太平。北周第299窟睒子经变故事情节完整，绘于窟顶藻井外围，从西北披绕到东北披，成马蹄形连环画，共七个画面。西披北段是第一个画面：国王坐于宫殿，向大臣下令，准备出猎。拐弯处是第二个画面：国王入山狩猎，侍从打着伞盖，紧跟在后。北披左段是第三个画面：国王搭箭射鹿，误中泉边汲水的睒子。转入东披北段是第四个画面。国王来到盲父母的草庐前，告知睒子误伤的经过，忏悔自己的过失。东披拐弯处是第五个画面：国王牵引盲父母去见睒子的尸体。北披右段是第六和第七个画面：下层是盲父母抱尸痛哭，乞求天神；上层是天神拿着灵丹妙药，从空而降。整个故事从东、西两披的两头展开，把故事的核心情节国王射猎、误中睒子、天神送药、救活睒子绘在北披全段，构图巧妙，别出心裁，突出了故事的重点和高潮。[1] 第296窟壁画还有福田经变，根据《佛说诸德福田经》教人们广种福田。其称按释迦牟尼所说的"广施七法"去做，就等于在良田种福，可以收获无量。所谓"七法"就是做出七种施舍，以供奉僧人和便利百姓。壁画表现了"七法"中的五个场面：立佛图，建堂阁；植果园，施清凉；施医药；旷路作井；

---

[1] 参见谢生保：《从〈睒子经变〉看佛教艺术中的孝道思想》，《敦煌研究》2001年第12期。《佛说睒子经》见《大正大藏经》第3卷《本缘部上》。

架桥梁，渡羸弱。这铺经变画的重要价值在于直接地描绘了现实中的劳动和生活场景：赤裸上身的泥瓦工在建造砖塔，装饰堂阁；丝绸之路上商旅往来，中原商队赶着毛驴，驮着货物，走上桥头，西域胡商牵着骆驼，等待过渡。

画塑中人物的衣着形象也继续变化着。除了南朝的褒衣博带式衣冠外，窄袖小衫也作为北周时代的新装出现了。壁画人物还开始着"帔帛"，服装样式更加多样化。

这一时期壁画中反映建筑的资料比较丰富，第296窟的王城呈方形，城门、宫殿沿中轴线对称布局，已开隋唐两京建筑布局的先河。

壁画的制作方法，同前代一样。如第296窟诸画，还是在白粉底壁上用赭红线勾描底稿，然后布色。现存的青、绿、茶、黑各色还很鲜亮，人物、屋宇、山水、草木的轮廓也很清晰，不过是"水不容泛""人大于山"，不甚重视比例，还缺乏空间感。这窟壁画的风格和同时代的第290、294等窟一样，还是以人物为主体，"附以树石，映带其他"的古朴手法，色泽原貌与西魏第285窟应是相似的，并且还是连环画形式，画中有一些峰峦树石作为点缀，也用来屏隔画面，每一段都加签题说明故事题目。这种形式的渊源，可以追溯到武梁祠的汉画像石。

北周洞窟中的塑像增加了佛弟子，出现了迦叶和阿难像。他们是释迦佛的高足，担负着传播教义的责任。有趣的是一佛二弟子的结构凑巧是老中青的搭配。佛弟子塑像的出现，使北周窟中有了一铺五身塑像，即一佛二弟子二菩萨的新组合。

这时期塑像方面的另一个新内容，是在第297窟主龛楣上出现了唯一的一个交龙羽人，人面而额上生双角，两耳朝上如鼠耳，身躯短粗，基本赤裸，腰著一短裤，颈下带一项圈，手足均作鸟爪，左右臂前各出三翅，类似唐镇墓兽，但是人脸羽翼，有所不同。因在交龙两侧，似表示羽人乘龙，在佛教塑像中寄寓了神仙思想。也有以为是护法天神而不是羽人。

北周窟是20世纪60年代初，敦煌文物研究所的研究者从原来认为是隋代的115个洞窟中分出来的，是多年科研的新成果。此外，西千佛洞至今也保存着几座北周石窟，如能拿到资料进行对比研究，一定很有意思。

五、隋代的敦煌及画塑（581—618）

隋代是我们统一的多民族国家发展史上一个虽然短暂，但却非常重要的时期。隋朝结束了南北朝长期的分裂，国力之强盛达到两汉以来一个新的高峰，大业年间国家掌握的编户数字甚至为盛唐时代所不及。隋代经济的繁荣，仓储的丰溢，是我国封建社会历史上一个空前的奇迹。

佛教的兴盛，除了有坚实的经济基础外，统治阶级的极力倡导也是重要原因。隋文帝和独孤后佞佛，奉佛教为国教，制定了保护佛教的法律条文，凡破坏佛像者罪以"不道论"或"恶逆论"[①]。开皇十四年（594），隋文帝命"翻经所"沙门法经等人撰《大隋众经目录》七卷，对后世影响很大。仁寿年间，

---

① 《隋书》卷2《高祖纪下》。

他又曾遣中使至瓜州崇教寺，即敦煌莫高窟建舍利塔。[①]隋炀帝为晋王时受戒为总持菩萨带兵统一江南后，命军队押运经像往长安，计有"宝台四藏，将十万轴，因发弘誓，永事流通"[②]。因此隋朝佛教遗迹又遍布各地，佛教迅速恢复到太武帝毁法以前的盛况。大业四年（608），日本国圣德太子第二次遣小野妹子为使赴隋时，特选僧旻、请安、慧隐、广齐等同来，隋炀帝命鸿胪寺四方馆接待他们，并召悟真寺高僧净业等入馆教授，他们学成回国后，对日本的佛教乃至日本的整个文明进步做出过贡献。这件事又说明，隋代的中国佛教之兴盛，已成为东方的日本等国僧人来"西天"取经的圣地了。

敦煌的繁荣与西域的建设、中西交通的发展有直接关系。大业三年（607），改瓜州为敦煌郡。裴矩奉隋炀帝之命撰《西域图记》三卷，序曰："发自敦煌，至于西海，凡为三道。"即傍天山北麓的北道，傍天山南麓的中道和傍昆仑山北麓的南道，"总凑敦煌，是其咽喉之地"[③]。敦煌在隋末动乱中未受大的骚扰，延续西魏、北周以来的势头发展着。直到大业中，中原山东地区农民起义爆发多年后，敦煌还未停止石窟的兴建，第282窟就是大业九年（613）开凿的。

莫高窟现存隋代洞窟94个，即第56、59、62、63、64、206、243、244、253、255、262、266、274、276、277、278、279、280、281、282、284、289、292、293、295、

---

① 《广弘明集》卷17《舍利塔感应记》。
② 《广弘明集》卷22《宝台经藏愿文》。
③ 《隋书》卷67《裴矩传》。

302、303、304、305、306、307、308、309、310、311、312、313、314、315、316、317、318、376、378、379、380、383、388、389、390、391、392、393、394、395、396、397、398、399、400、401、402、403、404、405、406、407、408、410、411、412、413、414、416、417、418、419、420、421、422、423、424、425、426、427、429、433、434、436、451、453、455、456、457[①]等窟，其中第392、397两窟至初唐时才完工。隋代还续修成功前代的第267、269、270、271等窟，并重修过第254、268两窟。这样在莫高窟存有隋代画塑内容的洞窟共100个，这个数字不会是当时修窟数的全部，也已足以反映隋代莫高窟兴建情况之热烈。在短短三十七年中，这样规模强度的开窟工程，在莫高窟一千年的兴建史上也是独一无二的。

隋窟除第206窟在第96窟北大像以南外，全部在南区的北段，从最南的第243窟往北到最北的第376窟，密密麻麻连成一片，几乎尽占了南区北段，也就是莫高窟中心崖壁中上层的最佳位置[②]。

隋窟的窟形，最常见的为覆斗形顶或人字披顶，正面（西

[①] 伯希和认为第457窟属北凉时代所开洞，见前引尼迪埃《伯希和敦煌石窟笔记》第三卷序言。
[②] 莫高窟窟号的编排，大致是按水平高度，先从南区北端底层向南（第1—130窟），再从南端底层到中层折向北（第131—356窟），再从北端中上层折向南（第357—460窟），呈反"Z"形排列，往后的窟号零星分布在南区和北区四五处地方。北区只有第463—465等少数几个窟号，绝大多数窟集中在南区。

壁）开一龛，这类型的窟占过半数。如第294、423窟那种覆斗形藻井顶和后壁凿一龛的形制，开唐式先河。还有一种数量较多的是前部为人字披顶，后部为平顶，或前部为平顶，后部为人字披顶的窟形，数量近二十个。隋窟绝大多数只在西壁开一龛，也有在西壁设佛床或塑像的。在西壁和南、北壁上开三龛或设三个佛床、三铺塑像的不过十来个窟。再就是第292、302、303、427四个窟还保留着中心塔柱，柱上或四面开龛，或三面开龛，这种老式的中心柱式窟在全部隋窟中只占百分之四这样很小的一个比例了。

随着中心塔柱的消退，开始出现了第305窟那样的中心方坛，还出现了第456窟那样的马蹄形佛床，虽然这样的形制在隋代都只是孤例。开皇五年（585）兴建的第305窟取消了魏窟的前室部分，中心柱改为中心佛坛，上面安置塑像，于是窟顶成为完整的一片，壁画面加大，且由于不再有中心柱遮碍视线，显得更为开阔，画上了为数较多的说法图和简单的维摩变。这代表着隋代洞窟建筑形式上的一个新发展。到隋代后期开凿的第420窟又取消了中心佛坛，使画面更大。

隋窟壁画数量，无论从篇幅还是内容来看，都大大超过前代保存下来的壁画数量总和。除了逐渐减少的乘象入胎、夜半逾城和须达拏太子、萨埵那太子等佛传故事、佛本生故事画外，隋代壁画中的经变故事画开始发展丰富起来，包括文殊变、普贤变、药师经变、观音经变、弥勒经变、阿弥陀经变等，特别是大量创作的维摩诘经变和净土变，是引人注目的新内容。

第262、276、277、314、380、417、419、420、423、424、

425、433等窟壁画都画了维摩诘经变。维摩诘故事源起印度，梵本经文自东汉便有译本，而后西晋竺法护、后秦鸠摩罗什、唐玄奘都有不同译本。维摩诘是个居士，即在家修行的佛教信徒，唐复礼《十门辩惑论·通力上感门》云："维摩罗诘者，示居家而弘道，不思议道利用无方，是以五百声闻咸辞问疾，八千菩萨莫能造命。弥勒居一生之地，服其悬解；文殊是众佛之师，谢其真人。"说其神通道力远过诸菩萨声闻。维摩诘有恙，佛遣他们去问疾，皆不敢从命，托词回避，只得派"智慧最胜"的文殊师利菩萨前去。陈寅恪先生推断，既一在家居士能凌驾出家僧侣之上，"盖当此经成书之时，佛教经典之撰著，已不尽出于出家僧侣之手，即在家居士，亦有从事于编纂者"[①]。佛教流传日广，出家僧侣之外增加了一部分信佛但还不愿出家的徒众，便是居士。北魏昙曜等译《杂宝藏经》载，难陀王问："出家在家，何者得道？"那伽斯那答："二俱得道。"由此推测，北魏时已提倡在家修行，居士当是不小的社会势力。而且有关维摩诘的汉译本经文，给原来孑然一身并无眷属的这个居士老爷增添了妻妾儿女，且"资财无量"，他出入宫廷"化正宫女"，交结权贵"示以忠孝"，甚至以"度人""立志""示欲之过"等借口，可以入赌场、下酒肆、逛妓院[②]，他实际是门阀时代一位富有财宝和文化知识的士人化身，既贪恋人世间荣华富贵的

---

① 陈寅恪：《敦煌本维摩诘经文殊师利问疾品演义跋》，原载1930年《中央研究院历史语言研究所集刊》第2本第1分册。
② 参见贺世哲：《敦煌莫高窟壁画中的〈维摩诘经变〉》，《敦煌研究》1982年试刊第2期。

享受，又追求未来的天堂生活，或者也可以作这样的理解，即维摩诘形象的演化，是合乎已经日暮途穷的士族门阀企求在宗教里找出路的愿望的再创作。敦煌壁画中最早的维摩诘形象，出现于隋代的第276等窟，这在画史上，比东晋时顾恺之于瓦官寺画维摩诘晚了两个世纪。它由江南、中原西渐，花费了许多岁月，这也正合南方士族没落的步子比西北敦煌地方更早的历史情况。

第307、308、376、378、399等窟的净土变和第306、390、393、400等窟的阿弥陀经变大量出现，除了和维摩诘经变有同样的原因外，更深一层的背景是隋代经济繁荣兴盛，成为富豪权贵们把遥远的西天极乐世界搬向人间的现实基础。这一点在唐代表现得尤为明显。

金光明经变画在隋窟中见于第417窟窟顶。有的研究者认为这可能与大业五年（609）隋炀帝西巡有关。那次出巡期间，中原天子在河西盛会西域二十七国君长，有力地促进了丝绸之路的再度繁荣。这条西去的大道，在成为丝路商道之前，先是一条被认为有通灵神异的玉石从和阗向东方、西方远送的玉石之路，而后是重要的宗教之路，在人们朦胧的感觉中，它仿佛真是一条直上西天的金光大道。但人们究竟还是生活在现实社会中，壁画在表现愿望、理想的同时，也反映着现实的苦难。如第420窟藻井东披法华经变观音普门品中的西域商队，为表现长途跋涉之艰险，画有骆驼翻滚落下山崖和商人遇盗全力拼搏等场面，正是当时丝路情况的真实写照。

隋代壁画中佳作不少。开皇五年（585）开的第305窟南顶上画帝释天妃，乘四凤驾车，周围天神护卫，色彩丰艳，笔法奔放。第419窟窟顶西部的帝释天妃图，也成功地表现了她和飞天诸神在空中飞驰的形象，大有风驰电掣之势。第419窟窟顶画法华经变譬喻品，以鸟瞰角度画出数重垣墙和房屋楼阁，构图新颖，火势也很逼真。第420窟观音普门品画观音伸手援救溺水人，溺水人游泳挣扎向观音，姿态生动。河水的表现方法还是早期山水画那种简练写意的形式。这时内地展子虔、董伯仁、郑法士、杨契丹等的山水画，已开始脱离背景地位而独立发展，但反映到敦煌壁画上，看来还要一些时日。

第418窟侧壁壁画中有莲花童子，是儿童嬉戏的形象。第404窟的飞天，体态轻盈，开始脱离北朝飞天比较拙笨的样子。舞动的飘带，绚丽的色彩，正是朝唐代风格过渡的特点。第404窟西壁外龛南侧的菩萨，五官造型还保留魏晋以来清秀俊俏的特点，而脸部用晕染法表现微妙的神情，拈忍冬花的手姿更是纤巧别致。又如第427窟菩萨，已开始装饰彩色衣，而此前北周时还只是单色的。这一类隋代单身菩萨像多且美，改着俗装，衣饰华丽，接近现实生活中贵妇人的形象，是以生活中的模特儿为基础，加以大胆的发挥创造出来的，也就是说菩萨开始世俗化了。佛的造型有严格的程式，艺术家们的创作很自然地便以女性形象的菩萨为突破口。隋代壁画中的供养人也更写实，如第64窟的女供养人，窄袖长裙，裙腰高齐胸，肩上搭帔帛，在写实中追求美化。由此可看出，随后有唐一代壁画人物俱世俗化，个个瑰丽多姿，描绘细致入微的画风，已经逐渐酝酿成熟，呼之欲出了。

隋代藻井的图案，也随着中心柱窟的解体和北朝建筑装饰图案的消逝而更新形式，可称为"织物图案"。如第305窟藻井，表现的是织物的"华盖"，由中心莲花方井与四周垂帐两部分组成，代表人间的皇权或天国的净土。第407窟华盖式藻井的纹样，比西魏第285窟最早出现的华盖藻井图案丰富得多：其方井中央一花瓣重叠的八瓣大莲花内，三只兔子只画三只耳朵，合成一个相互追逐的三角纹样；方井角隅四只"翼兽"扬臂展翼挥舞，四飞天舞带翱翔；方井边饰均为单叶藤蔓分枝忍冬纹，方井外围饰两重莲瓣纹，垂缦三角上插纤细的忍冬纹，四角有玉珮、流苏、羽葆，华丽新颖，恰如一顶丝绢锦绣、挂金饰玉的"华盖"。藻井外围的窟顶四披也画了东王公、西王母等诸天神怪人物，这些常见于东汉墓室中的代表神仙的道家的形象与佛陀集中在一个窟顶来表现，反映着敦煌佛教艺术进一步中国化。[1]

隋代塑像也具有继往开来的历史过渡性特征，与前代比较有许多发展变化。

首先是内容的丰富。隋代彩塑进一步突破一佛二菩萨的呆板格局，定型为一铺多身。先是五身，并向后来的七身、九身的复杂组合发展。第419窟一铺塑像是一佛和迦叶、阿难二弟子，加上二菩萨共五身。隋代规模最大的第427窟后室三铺大立佛，加上前室的四天王、二力士和地神，全窟彩塑总数达二十八身之多。佛的十大弟子中苦思苦修的迦叶、聪颖虔诚的阿难，更

---

[1] 参见关友惠：《莫高窟隋代图案初探》，《敦煌研究》1983年创刊号。

多地作为着重描写的对象。力士和天王是敦煌彩塑中新出现的题材，他们作为护法神，威严魁伟、具有慑服一切妖魔鬼怪的神力。

其次是形象的丰满。隋代彩塑，整个造型变得丰满圆实，典型特征是面相方正，鼻梁略低，耳垂加长，头大体壮，上身长而腿短，开始摆脱"秀骨清相"而追求雍容凝重，往唐代丰肌圆润的风格发展。隋塑还给人一种比例不够协调，头重脚轻的不稳定感，这是不成熟性的表现。其原因可能是受北方少数民族体型影响，因为过游牧生活常年骑马，腿部变罗圈形，身体变矮，上身相对显得较长。北朝以来北方少数民族在政治社会生活中占核心地位，河西鲜卑的形象或者就影响了敦煌的造型艺术。

最后是装饰的华丽。这是隋代壁画和彩塑的共同特点。壁画一般用热色土红作底色，绘以青、绿、黑、白，间以叶金装饰，鲜丽多彩。从隋塑开始，在佛的袈裟和菩萨的天衣上也绘上了漂亮的织锦图案，如第402、419、420、424、427窟有"联珠狩猎纹""联珠飞马纹""菱形狮凤纹""菱形团花""棋格团花"等许多种纹样，佛菩萨们"佩金玉，被锦罽"，还有五光十色的璎珞装饰，一派富丽热烈的色调。社会的发展，把佛菩萨也从累世苦修苦行的困顿中解放出来，让他们也享用一下人间的豪华。他们衣着的变化，更是蚕桑丝织业发达，丝绸贸易兴盛的反映。如第420窟正龛外层南侧观音裙上，满绘着的联珠狩猎纹图案，最初来自古代波斯；第402、404窟的联珠翼马、飞马纹，更明显与萨珊朝的琐罗亚斯德教有关，该教认为他们所祭奠的军神维尔斯纳吉拉神可以化为有翼的动物。隋代正值荷米斯德四世（579—590年在位）和库思老二世（590—628年在位）在位之时，昭武九姓壁画和龟兹石窟艺术中，都可见此时萨珊波斯文化的影响，所以莫高窟这时在龛口、藻井和服饰上出现了联珠纹样，甚至在石室中还出了一批中国生产的萨珊织锦仿制品就绝非偶然了，这明显是中西丝路贸易文化交流的产物。[①]

有一种见解，认为从戴逵（安道）开始，中国有了新的民族形式的佛像，而从江南影响到敦煌，时间已是隋代。[②]又有一种见解，认为隋代敦煌的画塑，在开皇初年还有较浓厚的北朝风格，开皇九年（589）灭陈后，才开始出现内地的新风格。[③]这些问题比较重要，都值得深入研究探讨。

六、初唐的敦煌及画塑（618—705）

唐代是我国古代社会的鼎盛时期，也是敦煌两千年历史上的全盛时期。唐代历时290年，人们为研究的方便，习惯把唐代划分为初唐、盛唐、中唐、晚唐四段。敦煌学与文学史、历史学的分期法不尽相合，是根据莫高窟艺术自身的发展特点和敦煌地区的政治历史情况，来确定各段的时限的。比如在盛唐和中唐的划分上就要考虑安史之乱没有涉及，但在781年敦煌

[①] 参见姜伯勤：《敦煌与波斯》，《敦煌研究》1990年第3期；万庚育：《隋420窟西域商队图版说明》，《敦煌研究》1983年试刊第2期。

[②] 参见史苇湘：《丝绸之路上的敦煌与莫高窟》，《敦煌研究文集》，甘肃人民出版社1982年版。

[③] 参见潘絜兹：《敦煌莫高窟艺术》，上海人民出版社1957年版。

被吐蕃占领的情况。今研究者们以唐高祖至武则天末，即武德元年（618）至神龙元年（705）为初唐；以唐中宗至唐德宗建中二年，即705至781年为盛唐；以吐蕃占领期，即781年至848年为中唐；以张议潮归义军政权时期，即848年至907年为晚唐。实际张氏政权一直延续到唐亡以后，大约在914年被曹议金曹氏政权取代，这时中原已是五代时期。

隋末中原离乱，敦煌地处西隅，幸无大规模战火殃及，但也并不太平。李轨自隋末大业十三年（617）在武威郡举兵，自称凉王，据有河西五郡之地。武德二年（619），唐高祖利用河西粟特商人安氏的势力灭李轨，收河西，仍循隋朝旧制，于敦煌置瓜州。第二年，瓜州刺史贺拔行威执骠骑将军达奚暠举兵反唐，又割据敦煌两年，到武德五年五月，瓜州土豪王干斩贺拔行威归唐，敦煌改沙州。六年六月，沙州人张护、李通反，七月攻杀瓜州总管贺若怀广，拥立州别驾窦伏明为城主，九月窦伏明以城降唐。在唐政权未统一全国时，敦煌曾几度易主，反复了六七年才稳定下来。经济情况好转更晚，河西州县萧条，民生凋敝，帑藏空虚，直到贞观四、五年，还没能恢复过来。从《大唐西域记》反映的情况可知，贞观初年东西交通阻遏，唐政府"禁约百姓不许出蕃"，严禁人民西行。所以在唐初，敦煌莫高窟的建设干扰甚多，很受局限。到贞观十六年（642）才有律师道弘、翟玄迈等人凿殿堂式的第220窟，始有较大规模的兴建。到贞观十八年玄奘从印度回国，道经沙州，唐太宗令敦煌官司出迎于流沙，和当年玄奘偷渡玉门关时昼伏夜行的境况迥异。前后形势变化的关键是贞观十四年解决高昌问题，打通了丝绸之路。

唐高宗显庆年间先后平定了西突厥阿史那贺鲁和龟兹大将羯猎颠的叛乱之后，复于龟兹国置安西都护府，领安西四镇。这样，进入7世纪60年代以后，丝绸之路进入了它在唐代的全盛时期。

7世纪70年代之后，又经过二十多年的反复努力，武则天长寿元年（692）第三次迁安西都护府于龟兹，再次复置安西四镇（龟兹、于阗、疏勒、碎叶），西域稳定下来，进一步加强了对新疆和巴尔喀什湖以东以南地区的控制。这就是丝绸之路的极盛和敦煌极盛的政治历史背景。

以上说明初唐莫高窟的情况，前后有个变化发展过程。到大力提倡佛教、利用佛教的武则天时——我们这里暂把武周时期（690—705）归入初唐——才发展到空前的规模，以至号称当时"计窟室一千余龛"，建有灵图、大云、开元、龙兴等四座著名寺院，"升其栏槛，疑绝累于人间；窥其宫阙，似神游乎天上。"[1]也是在这时，敦煌艺术进入了最富于创造性的时期，具有中国气派的大乘佛教艺术完全成熟了。

初唐新开47窟，即第51、57、58、60、67、68、70、71、77、78、96、123、202、203、204、205、207、209、210、211、212、213、220、242、283、287、321、322、323、329、331、332、333、334、335、338、339、340、341、342、371、372、373、375、381、386、448等窟。其中第202、205窟是

---

[1] 李怀让：《修莫高窟佛龛碑》，录文据马德《敦煌莫高窟史研究》，甘肃教育出版社1996年版，第277页。

到盛唐、中唐时才完成的。初唐时还续修完隋代始建的第392、397两窟，并重修过前代的第206、401、431等窟。按以上各项，今存初唐画塑资料的窟共五十二个。

初唐新开窟仍全在崖面南区，南起第202、220窟，北至第371窟，插空凿窟外，向高层和低层发展。从这时起开始在崖底开窟，自有名的第96窟向北，在底层开凿了第78、77、71、70、68、67、51、321、322、323、329、331、332、333、334、335、338、339、340、341、342等一批新窟。研究者们认为，这时窟前宕泉水势变小，可以在崖壁下部开窟了。

初唐窟仍以覆斗形或人字披顶，西壁开一龛的形制为主，也有少数在西壁设佛坛或立塑像，这类窟形约占这时期建窟总数的十分之八。初唐以及包括后来盛唐、中唐在内的唐代石窟，都是以平面呈方形，覆斗顶，后壁即正对窟门的一面（正面）开一神龛，取消了两侧壁龛的样式为典型形制。初唐窟形也有些例外，第332窟和448窟前部为人字披顶，后部平顶，仍保留了中心柱；第205窟设中心佛坛；最突出的一例，是建有北大像的通顶大佛窟第96窟。武则天当女皇，到处标新立异，连石窟的建造也破例通天。早些年她出脂粉钱捐助在洛阳龙门开的奉先寺大窟，更是敞顶的。

初唐壁画继续隋窟的内容特点发展。对此，李泽厚《美的历程》中有一段精彩的叙述：

> 维摩诘由六朝"清羸示病之容"，变而为健壮的老头，而且题材和主题本身也有了一百八十度的转变。与中国传统思想

"以德报德，以直报怨"本不相投的那些印度传来的饲虎、贸鸽、施舍儿女等故事，那些残酷悲惨的场景图画，终于消失；代之而起的是各种"净土变"，即各种幻想出来的"极乐世界"的佛国景象："彼佛土……琉璃为地，金绳界道，城阙宫阁，轩窗罗网，皆七宝成。"于是在壁画中举目便是金楼玉宇，仙山琼阁，满堂丝竹，尽日笙箫；佛坐莲花中央，环绕着圣众；座前乐队，钟鼓齐鸣；座后彩云缭绕，飞天散花；地下是异草奇花，花团锦簇。这里没有流血牺牲，没有山林荒野，没有老虎野鹿。有的是华贵绚烂的色调，圆润流利的线条，丰满柔和的构图，热闹欢乐的气氛。衣襟飘动的舞蹈美替代了动作强烈的运动美，丰满圆润的女使替代了瘦削超脱的士夫，绚烂华丽替代了粗犷狂放。马也由瘦劲而丰肥，飞天也由男而女……整个场景、气氛、旋律、情调，连服饰衣装也完全不同于上一时期了。如果说，北魏的壁画是用对悲惨现实和苦痛牺牲的描述来求得心灵的喘息和神的恩宠，那么，在隋唐则刚好相反，是以对欢乐和幸福的幻想来取得心灵的满足和精神的慰安。

如果用故事来比故事就更明显。围绕着唐代的"经变"，也有各种"未生怨""十六观"之类的佛经故事。其中，"恶友品"是最常见的一种。故事是说，善友与恶友两太子率同行五百人出外求宝珠。路途艰苦，恶友折回。太子善友历尽艰险求得宝珠，归途中为恶友抢去，并被恶友刺盲双目。善友盲后作弹筝手，流落异国作看园人，国王公主闻他弹筝而相慕恋，不顾国王反对，终于许身给他。婚后善友双目复明，回到祖国，使思念他的父母双目盲而复明，且宽赦恶友，一家团聚，举国欢腾。

这个故事与北魏那些悲惨故事相比，趣味和理想相距何等惊人。正是这种中国味的人情世态大团圆，在雕塑、壁画中共同体现了新时期的精神。

艺术趣味和审美理想的转变并非艺术本身所能决定；决定

> 它们的归根到底仍然是现实生活。朝不保夕,人命如草的历史时期终成过去,相对稳定的和平年代、繁荣昌盛的统一王朝,曾使边疆各地在向佛菩萨祈求的发愿文中,也向往来生"转生中国"。社会向前发展。门阀士族已走向下坡,非身份性的世俗官僚地主日益得势,在经济、政治、军事和社会氛围、心理情绪方面都出现了新的因素和景象。这也渗入了佛教及其艺术之中。
>
> 由于下层不像南北朝那样悲惨,上层也能比较安心地沉浸在歌舞升平的世间享受中。阶级斗争的具体形势有变化,于是对佛国的想望和宗教的要求便有变化。精神统治不再需要用吓人的残酷苦难,而以表面诱人的天堂幸福生活更为适宜于进行麻痹。于是,在石窟中,雕塑与壁画不是以强烈对比的矛盾(崇高)而是以相互补充的和谐(优美)为特征了。唐代壁画"经变"描绘的并不是现实的世界,而是以皇室宫廷和上层贵族为蓝本的理想画图;雕塑的佛相也不是以现实的普通的人为模特儿,而是以生活得很好、体态丰满的上层贵族为标本。跪倒在经变和佛相面前,是钦美、追求,与北魏本生故事和佛像叫人畏惧而自我舍弃,其心理状态和审美感受是大不一样了。天上与人间不是以彼此对立而是以相互接近为特征。这里奏出的,是一曲幸福存梦想、企图引人入胜的虚幻的颂歌。

这段话把握住了敦煌艺术体现时代精神的基本脉络,当然这样用美学语言所作的表述只能是粗线条的,还需要做些具体的分析。

初唐第47窟保存经变故事画约八十幅。佛本生故事差不多销声匿迹了,说法图还有一些,退到窟门顶部等一些不复为人注意的次要壁面。佛传故事最多的乘象入胎、夜半逾城,数达七八组，在经变左右或下方保有一席之地，画的是飞天引导，龙腾虎跃，喜气洋洋的场面，起一种渲染气氛的作用。大量的经变故事画的是净土变、阿弥陀经变、弥勒经变、药师经变、维摩诘经变，法华经变画最多见的是宝塔品。第321窟主室南壁画宝雨经变一铺，是武则天时依达摩流支所译《宝雨经》绘制的，经文中有"尔时东方有一天子，名日月光……现女身，为自在主"等语，被武则天称帝时用为舆论基础。该经变画上方绘日月，双手合十的女主拜谢释迦佛，明显有呼应现实政治的内容。

佛教史迹画也最早在此时出现。武则天是要借历代帝王崇佛事迹，抬高佛教地位，再借佛教来抬举自己，巩固女主地位。因为李唐政权崇奉道教，武周政权要取而代之而改崇佛教，这是很自然的事情。绘制佛教史迹画最多的第323窟，主室南北两壁有多幅：张骞出使西域图、释迦浣衣池晒衣石、佛图澄幽州灭火、阿育王拜尼乾子塔感应事、康僧会建康献舍利、西晋沪渎石佛浮江、东晋扬都金像出渚、隋文帝迎昙延法师祈雨。最有名的是绘于北壁的张骞出使西域图：汉武帝骑在马上，身后大臣相随，侍者张华盖，张骞跪在马前，持笏拜别，图中榜书为"前汉中宗（误，应为汉武帝）既获金人，莫知名号，乃使博望侯张骞往西域大夏国问名号时"。本来张骞事迹与佛教无涉，可是壁画作者——佛教的宣传家们将他西行目的改为求佛问名号，在玄奘西行取得巨大成功以后，人们很容易附会张骞凿空西行的目的也是宗教性的。可惜这幅最著名的佛教史迹画，在1924年被华尔纳剥走了。

初唐壁画中的人物造型比例适当，更趋写实。第57窟的观音和第322窟的菩萨形象秀美自然，第329窟东壁南侧说法图下的女供养人神态端庄恬静，着时世装：头上椎髻，窄袖小衫，圆领露胸，裙腰高束，肩披罗纱，是敦煌壁画供养人中的杰作。佛教艺术在这时充分表现女性美，不仅为追求宣传效果，也是源于世俗生活。那个时代的女性比较突出，不仅出现了一个武则天，整个妇女的境遇也较自由，受到的禁锢相对少些，她们摘下幂䍠，撩开面纱，在社会上很活跃了一阵。在整个封建社会里，这是妇女们的一个黄金时代，最"解放"的时代。在壁画中她们也可以有自己的性格，扬眉吐气，被人们悉心美化颂扬。连观音菩萨的形象也在这时由男变女了。

壁画中男子也一个个神采奕奕。如第220窟东壁南侧上部画的维摩诘，目光炯炯，思想深邃，他学识渊博，激情奋发，代表了男子的骄傲和尊严。同壁北侧文殊下方的听法帝王，戴冕旒，着青衣朱裳，曲领，白纱中单，蔽膝，大带与升龙大绶，衣上画日月山川纹样，还用两旁身后恭谨卑顺地扶持簇拥着他的群臣作陪衬，更显示出帝王的威严。群臣的形象，有的胸怀坦荡，有的谨慎小心，有的虚伪奸诈，也各具性格特点。第220窟这个画面同当时著名的宫廷画家阎立本的《历代帝王图》风格一致。壁画作于贞观十六年，正是初平高昌，唐太宗誉满西域之时。壁画中的帝王暗喻谁人，不言自明。且此画比咸亨元年（670）左右的阎画还要早20多年，这更是这幅维摩变的极可珍贵处。而武则天时期修建的第335窟的维摩诘，几乎完全采用赤褐色颜料绘成，英国学者评论，认为在"气力表现上，差不多是米开朗琪罗式的巨人风"①。

第 205 窟一对舞伎，脚踏舞筵，扬臂起舞。第 220 窟南壁西方净土变中脚踏小圆毯子的双人"胡旋舞"和此壁宝池下方平台雕栏中的左右两组乐队，内容写实具体，也是珍贵的唐代乐舞资料。

成为隋唐图案主体纹样的莲花，被佛教认为是西方净土的象征。凡人要摆脱生老病死的痛苦，只有从莲花中再生，从莲花中进入西方极乐世界。第 329 窟藻井中心的莲花周围，四身飞天环绕飞旋，外围为卷草纹、方格纹、联珠纹、幔帷、垂帐纹层层装饰，富丽堂皇，比第 407 窟隋代的三兔飞天藻井又精美活泼了许多，是敦煌藻井图案的最佳代表作。

关于隋唐的雕塑，李泽厚《美的历程》中也有一段话：

> 秀骨清相、婉雅俊逸明显消退，隋塑的方面大耳、短颈粗体、朴达拙重是过渡特征，到唐代，便以健康丰满的形态出现了。与那种超凡绝尘、充满不可言说的智慧和精神性不同，唐代雕塑代之以更多的人情味和亲切感。佛像变得更慈祥和蔼，关怀现世，似乎极愿接近人间，帮助人们。他不复是超然自得、高不可攀的思辨神灵，而是作为管辖世事可向之请求的权威主宰。
> ……在艺术上，唐代佛教雕塑中，温柔敦厚关心世事的神情笑貌和君君臣臣各有职守的统治秩序，充分表现了宗教与儒家的彻底的同化合流。于是，既有执行镇压职能，凶猛吓人连筋肉也凸出的天王、力士，也有执行欺骗职能，异常和蔼可亲

---

① ［英］巴兹尔·格雷：《中亚佛教绘画及其在敦煌的影响》，译文见《敦煌研究》1991 年第 1 期。

的菩萨、观音，最后是那端居中央雍容大度无为而无不为的本尊佛相。过去、现在、未来诸佛的巨大无边。也不再表现为以前北魏时期那种千篇一律而同语反复的无数小千佛，它聪明地表现为由少数几个形象有机组合的整体。这当然是思想（包括佛教宗派）和艺术的进一步的变化和发展。这里的佛堂是具体入微的天上的李唐王朝、封建的中华佛国。

入唐以后塑像比隋塑明显的一个进步是人体比例日趋协调，改变着隋代塑像给人以腿短矮矬的印象。再一个特点就是群塑的气魄宏大，由一铺五身、七身而九身、十一身地发展。如第328窟正壁敞口龛内一铺彩塑，原为九身，被华尔纳盗走南侧一身供养菩萨（现藏美国哈佛大学福格艺术博物馆），只剩八身。造像脱离了对后壁的依靠，已是比较成熟的圆雕塑。这铺雕塑的主像佛端坐正中，由于塑造佛像有种种规范制约，在佛像本身不易发挥，所以匠师们便在背光、项光和佛座的装饰上下功夫，用灿烂夺目的色彩加上妆金的效果和美丽的丝绸图案褶纹为佛像增辉，再有作游戏坐的菩萨和活泼天真的小供养菩萨陪伴，使整铺塑像在庄严肃穆中又有栩栩生机。

在隋代塑像中新增加的题材力士，到初唐已有上乘佳作。第322窟西龛内北侧的力士，三撇胡须写尽英豪气概。身着盔甲，完全是照当时武将的形象塑造的。飘动的长巾更使他生气勃勃，仿佛就是当年跃马在祖国西北边疆的将士们的身影。

关于初唐的塑像还必然要说到武周延载二年（695）僧灵隐、居士阴祖等造的第96窟高33米的北大像。这是莫高窟最大的塑像，是去敦煌巡礼参观的人们必然一到的地方。在窟中兴致勃勃地爬上爬下欣赏这弥勒佛的丰姿时，人们难免会联想到那位以弥勒佛自居，在我国两千多年封建社会里唯一敢坐龙床颁正朔的女皇帝武则天治国的宏伟气魄。

七、盛唐的敦煌及画塑（705—781）

隋唐之际，经济呈马鞍形的大起大落，除了有直接的阶级斗争原因，还有生产力、生产结构内部的原因。隋末大乱严重破坏了社会经济，土地荒芜，人口骤减，这也应是在当时农业生产水平局限下，人口发展与有限耕地的矛盾、垦荒种粮与生态环境的矛盾，恶性循环终将爆发的周期性危机的反映，是王朝兴衰与生态变化周期间的一种内在联系的体现。

唐代开国后，直到贞观五、六年，吃不上饭的紧张局面才缓和下来，社会经济复苏后逐步上升，再经过唐高宗、武则天的几十年过渡，在他们的孙子唐明皇时，很容易地进入了一个历史上有名的"太平盛世"，开元天宝年间史称"盛唐"。当时的农业生产水平是封建小农经济时代的巅峰，可以推算出，社会平均农业劳动生产率可能达到了每人年产粮2400多市斤的较高水平，在人均占有粮食700市斤的基础上，出现了文化的空前繁荣[①]。盛唐时代，人们一般没有衣食之虞，便以充沛的精力和热情创造了无数精湛称绝的手工艺品和豪迈自信的文学作品。当时又是我国国内民族关系和中外关系大发展的时代，即如鲁迅先生所说，唐和汉一样，"虽然也有边患，但魄力究

---

① 参见拙文：《从耕三余一说起——我国传统小农经济的生产效率和生产结构问题》，《中国农史》1983年第4期。

竟雄大；人民具有不至于为异族奴隶的信心，或者竟毫未想到，凡取用外来事物的时候，就如将彼俘来一样，自由驱使，绝不介怀"①。即如在敦煌，除了"石城镇""兴胡泊"，沙州十三乡中还有专为安置定居下来的粟特商人设的"从化乡"，接纳远道来归的康、安、石、曹、罗、何、史诸姓胡商。这样一种魄力，这样一种开放政策，对唐代物质文化的发展起了极好的作用。

到 8 世纪中叶，由于安史之乱（755—763），中原地区的繁荣中衰。敦煌的情况则有些不同，当时并没有直接受到叛乱的破坏，反而因包括敦煌论师昙旷在内的一批僧人为避乱返回河西，带来内地流行的变相粉本和佛经变文，为莫高窟增添了新内容。

不过敦煌在盛唐时也曾不断受到吐蕃的纷扰，为此唐政府早在景云元年（710）便置河西节度使，总领凉、甘、肃、伊、瓜、沙、西七州防务，但吐蕃还是在开元十五年（727）一度攻陷敦煌东边的瓜州。763 年以后，吐蕃更乘唐军东调去对付安史叛军未归而河陇空虚之机，大举进攻，克大震关，尽陷陇右，又沿祁连山西进，占凉、甘、肃、瓜各州。败退沙州的河西节度使杨休明、周鼎等一筹莫展，想焚毁沙州城后绕道漠北东奔。沙州民众在阎朝领导下展开敦煌保卫战，坚持约十年，到最后"粮械皆竭"，不得已立城下之盟，城池交由吐蕃接管，从此敦煌结束了自己盛唐时代四分之三个世纪的美好岁月。

盛唐时期敦煌共开窟 96 个，即第 23、26、27、28、31、

---

① 鲁迅：《看镜有感》，《鲁迅全集》第 1 卷《坟》。

32、33、34、38、39、41、42、44、45、46、47、48、49、50、52、66、74、75、79、80、83、84、87、88、89、91、101、103、109、113、115、116、117、118、119、120、121、122、124、125、126、129、130、148、162、164、165、166、170、171、172、175、176、179、180、182、185、188、194、199、208、214、215、216、217、218、219、223、225、264、300、319、320、328、345、347、353、374、384、387、444、445、446、450、458、460、482、483、484、490、492等窟，其中第91、115、117、126、129、179、188、384诸窟是至中唐才完成的。另外，这时还完成了初唐开凿的第205窟，重修过前代开凿的第292、371、379、383等四窟。合计今莫高窟有盛唐画迹遗塑的窟也和隋代一样是100个，但盛唐75年，相当于隋代37年的两倍多，平均每年修窟的数量只及隋代之一半。当然盛唐壁画多巨幅鸿篇，每铺塑像的数量也多，按壁画面积和塑像数目而论，便不在隋以下了。

盛唐新开窟，从最南边的第148窟到最北的第347窟和374窟，仍都在南区，因崖面中层已无空余之地，所以基本上是发展底层窟，因而后来人为的损毁也较多，有些则被沙土掩埋，如第483窟直至1957年才又被发掘出来。

盛唐窟形，绝大多数是覆斗形顶，两壁开龛或设坛塑像。其中西壁开一龛的窟有七十多个。西壁仅设坛，或西壁与南、北壁各开一龛的窟又有十余个。第39、44两窟还是前部人字披顶、后部平顶，保留有中心龛柱的旧式样。此外，第130窟又是一个通顶大佛窟，东壁上有两层明窗，恰好使光透射在俗称南大像的佛头部。第148窟拱形顶，第492窟圆券龛，第319窟盝形顶和一批帐形龛、甬道的盝顶，加上第300窟人字披顶，在窟形上既有主流的西壁开龛的覆斗形顶窟，又有变化的多样性。

在盛唐社会条件下，累世苦修，年复一年面壁坐禅的修行方法似乎过时了，天堂与人间拉近了距离的感觉使人们对佛典经义有了新的选择。人们喜闻乐见的是庄稼"一种七获"，树上"自然生衣"的弥勒经变，只要念一声药师佛的名号一切苦难皆可解救的药师经变和说小孩聚沙为塔也能成佛的法华经变。盛唐壁画的主要内容是净土变、观无量寿经变、阿弥陀经变、弥勒经变、维摩诘经变，法华经变诸品则以见宝塔品、观音普门品为多。单身的观音像数量尤其多。这一类主题显示，人们似乎忘却了对过去痛苦生活的记忆，他们的兴趣完全转移到对往生无五浊之垢染、无尘世之烦恼的净土的追求，表现出他们对能超度自己出世，往生净土的阿弥陀佛、弥勒佛和观音菩萨的崇拜。

《观无量寿佛经》是佛教净土宗的重要经典，无量寿佛是西方净土的教主阿弥陀佛的意译。北魏昙鸾（476—542）欲求长生不死之法，北天竺高僧菩提流支授以此观经，从此昙鸾专修净土，提倡最简便的以口唱佛名阿弥陀佛之口念为主要的修持方法，对后世影响较大，昙鸾因此被尊为净土北派五祖之高祖。昙鸾一传道绰，再传到第三祖善导（613—681）。善导和尚早年诵习法华、维摩等经，一次信手从经藏中探得《观无量寿佛经》，后来又听道绰师讲《观经》，从此大彻大悟，便依观门念佛。他倡言无论贵贱贤愚，只要专心念佛，凡夫皆得脱离秽土，往生净土。显然他的思想非常适应社会从门第至上的门阀社会向后门阀社会转化的历史大潮，因此徒众甚广，被尊为"弥陀化身"。他也深受武则天礼重，武后捐脂粉钱修的洛阳龙门石窟奉先寺大卢舍那佛。便请善导为第一主持人。那尊典雅秀美的释迦佛永恒不灭法身与敦煌宏伟的北大像遥相呼应，成为中国历史上一个极盛的时代在此时降临的美好预兆。善导一生还画净土变三百壁，组织写弥陀经十万卷。净土宗因之极盛一时，净土崇拜风靡全国，它成为盛唐时代敦煌壁画的主题便很容易理解了。

盛唐时期的壁画，在充裕的经济物质条件保障和上述宗教思想影响下，在这艺术上最富于表现能力的时期里，艺术家们的创作才能在净土世界的主题下充分地发挥。他们把人间的荣华富贵搬到天上，又把天国的富丽堂皇搬回人间，天上人间，人间天上，在那个时代的权贵豪富们心中，在充满宗教憧憬的善男信女们想象中，简直融为一体了。

据统计，有唐一代的壁画，数量上最占优势的是阿弥陀净土，在莫高窟总共有一百多壁，盛唐时期依据弥陀三经绘制的壁画就有三十四壁。如第45、66、103、113、120、122、148、171、172、176、194、208、215、217、218、320、446等窟的净土变和第27、34、44、66、83、172、320等窟的观无量寿经变，具体地描绘了"极乐净土"，洋溢着幸福、欢乐，对生活充满了积极、肯定的乐观态度。画中观经变的两侧往往配上"未生怨"和"十六观"几组屏风画，成为一个固定的程式。还有为数不少的药师经变，画的是东方净土，佛经上说那里"亦如西方极乐世界，等无差别"。画面上和西方净土变不同的，只是东方以药师佛为中心，日光、月光两菩萨胁侍，十二员药叉大将分列药师佛前，两侧附加的屏风画是"十二大愿"和"九横死"。东方佛天佛国的兴盛成为此时此地人们热衷表现的主题，已和西天处在对等的地位，表明人们寻找极乐世界的眼光已不光是看着西方，似乎在盛唐时代，这里人们对自己所居住的东方同样充满了信心和憧憬。潘絜兹在《敦煌莫高窟艺术》中说："当时净土宗流行……它是人们追求幸福愿望的升华，虽然采取了宗教信仰的形式出现，基本上却是健康的，带有浪漫主义的色彩。这也是现实主义艺术传统，在当时历史和宗教种种条件局限下，辩证地发展的又一个例子。"看了初唐的第220窟到盛唐第217窟、第172窟等几壁最出色的规模宏伟的西方净土变，我们不难理解鲁迅先生说过的话——"在唐可取佛画的灿烂"，这是对以画净土为特色的唐代壁画意味深长的肯定。

观音菩萨此时成为壁画中很热门的题材，无论是单身的画像，还是为数不少的法华经变普门品，都着意刻画观音能现33化身，救12种大难。她能打开监狱，让枷锁自落，刑刀节节自断，让下毒的人毒害自己。像第45窟南壁的一个画面：遇强盗持刀抢劫的商人口念观音得解脱，显然取材于终究还远不是天国乐园的人间生活。人们欢迎这位大慈大悲的救世观音，公正而有平等观念的女神。本来佛、菩萨是无性的，即非男非女的，但是艺术家们赋予中国式的观音以最美的女性的仪容，以表现她最善良、最美好的心灵，只是为不违背佛经教义，又故意给观音画两撇石绿色风趣的小髭。其他单身菩萨便更无这样的顾忌，完全是典型的唐代盛妆妇女形象。正如唐释道宣（596—667）所说："造像梵相，宋齐间皆唇厚、鼻隆、目长、颐丰，挺然丈夫之像。自唐来，笔工皆端严柔弱似妓女之流，故今人夸宫娃如菩萨也。"[①]实际上，应是菩萨如宫娃。段成式（？—863）在《寺塔记》卷上《道政坊宝应寺》一节中也说："今寺中释梵天女，悉齐公（魏元忠）妓小小等写真也。"

唐代壁画富有浪漫色彩，是现实生活的升华，又不乏非常写实的社会内容。如第217窟北壁西方净土变，高耸台基上的重楼连阁，就是唐代宫廷建筑的典型样式。经变画两侧的小场景画面中，人和动物栩栩如生，僧侣、马夫、朝臣和骡子、公牛等都处理得极为巧妙。第23窟北壁法华经变雨中耕作图和第445窟曲辕犁图，真切地反映了唐代农村生产生活情景，这幅画作为曲辕犁唯一的形象资料，具有重要的历史价值。前面提到过的第45窟观音普门品中，除了监狱还有商人遇盗图，那些深目高鼻、虬髯卷发，头戴白毡帽，脚蹬乌皮靴的商人，正是奔忙在丝绸之路上的西域胡商，他们的事业攸关敦煌的繁荣，因此好心的画家们请观音菩萨保佑客人们的生命财产安全。第445窟北壁嫁娶图画的弥勒之世妇人五百岁出嫁的故事，画面却是取材于唐代以"青幔为屋"的婚俗。奠雁等迎新娘礼也画得生动具体，图中雁嘴还用丝线绑住了。第194窟壁画的乐舞，则非常具体地反映了现实生活中的乐器和乐舞场面。

[①] 《续高僧传》卷中，引《大正大藏经》第54册《事汇部下》。

第130窟甬道南壁都督夫人太原王氏礼佛图，是唐代供养人画像中规模最大的一幅，王氏"丰肌腻体"如杨贵妃型，她是天宝五年（746）出任晋昌郡都督的乐廷瓌的夫人，头上抛家髻，饰鲜花、小梳、宝钿，碧衫红裙肩帔，脚蹬笏头履。身后女十一娘面饰花钿、花子，着朱衫白裙。女十三娘头戴凤冠，斜插步摇，衫裙帛帔，小头鞋履。再后面九个婢女，为首的也饰抛家髻，着衫裙帔帛，执纨扇，其余八人均着圆领衫，腰束带，束装似男儿，为天宝年间时兴的奴婢服装，其中3人发髻上戴透额罗幞头，造型真实，富有生活气息，是敦煌供养人壁画中最成功的一幅。

天请问经变相也在盛唐时代开始出现，见于第148窟，所依据的《佛说天请问经》是贞观二十三年（649）玄奘法师奉诏新译出的，内容是天与佛之间的问答，倡言辟贪、瞋、痴等三毒，戒杀生、偷盗、邪淫、妄语、两舌、恶口、绮语、贪欲、瞋恚、邪见等十恶，主张施舍、忍辱、智慧，修福而求解脱。天请问经变相的基本构图因袭净土变，画面分上下两层：上层画天宫，宫内有人活动，周围环绕云朵和乐器；下层为大型佛说法图，胁侍菩萨和天人围绕听法。两侧还有几组小型说法图。天宫建筑宏伟，中国式飞檐斗拱的亭台楼阁错落有致，画面气势宏大。值得一提的是在大历十一年（776）抗蕃斗争中建成的这第148窟，宏伟精湛的绘塑里浸渍着极复杂的历史的宗教的感情，在烽火连天的生死存亡关头，还首次出现了报恩经变新题材，用孝养品中割肉供亲的须阇提成全流亡的父母复国的故事，来激励那些正为父母之邦献身的将士，"这种时候鼓舞战斗的口号，通过石窟艺术，是披上佛、菩萨的'圣光'出现的"①。敦煌盛唐艺术这最后一章，还是那么充满创作激情，认真讲究，在战鼓隆隆的气氛中从容完成了。

在绘画技巧上，这时又有长足的进步。第103窟南壁的法华经变幻城喻品，山势道路城垣人众已有近大远小的透视关系。第320窟北壁无量寿经变画舞乐场地已合透视原理。第199窟西壁龛外北侧高大的菩萨用赭红色勾勒，线条长达一二米，骨力充盈，敷彩淡雅，是敦煌壁画中出现的新风格，即"设色极淡，其妙全在墨骨数笔"的吴道子派画法。而第172窟东壁文殊变上部的青绿山水画，已达到成熟阶段，这又是当时著名画家李思训、李昭道父子一派金碧辉映的风格。在画史上，从六朝孝子图石刻棺到各种流传本的洛神赋图，山水只是人物故事背景，并非主题，到这时出现的青绿金碧山水画，则标志山水与人物渐渐走上分工发展的道路。第171窟南、北、东三壁的三铺未生怨故事画，每格画面表现独立的局部情节，又用相关的场景特征表现画面之间的关联性，故事情节线索明晰，标志了中国连环画艺术的成熟。而叠晕法的广泛运用——颜色由浅入深逐渐过渡，青绿朱白诸色套叠——更使色彩变化无限丰富，给画面带来光辉灿烂的效果。

在人物肖像画中，使人们一见而难忘的第103窟东壁坐床的维摩诘，手握羽扇，探身向前，须眉奋张，目光如炬，全无"羸病容"，俨然是一位满腹经纶的雄辩家。第194窟的天王，两

---

① 史苇湘：《丝绸之路上的敦煌与莫高窟》，《敦煌研究文集》，甘肃人民出版社1982年版。

腮上飘动着红色胡子毛根出肉。而乐廷瓌夫妇等世俗人物则大模大样地出现在第 130 窟的画面，高达八九尺，大有压倒诸天菩萨的不凡气概，盛唐时代人们思想的解放，由此可见一斑。

总之，盛唐时期敦煌画坛百花齐放，或气势磅礴，金碧辉煌，美不胜收；或淡雅素洁，境界开朗，可以赏心悦目。像群星灿烂的盛唐文坛一样，尽是永垂艺苑的国家瑰宝。

盛唐时期的敦煌彩塑，具有同样的艺术和历史价值。现实主义精神和世俗化的特点，使富有生命力的唐塑，至今还有强大的动人心弦的魅力。

进入盛唐以后，以杨贵妃为标准美人的审美观不仅体现在壁画，也进入雕塑之中，菩萨塑像也一个个丰满健硕，作"秾丽丰肥之态"。如第 45 窟西壁敞口龛中南北侧二身袒胸露臂的菩萨，翠眉秀目，丰颐洁莹，艺术家对头颈、肩膀、腰胯、脚腕各个关节都有细微生动的描写，使姿态妩媚绰约，整个体形一波三折呈 S 状自然扭动，完全突破了呆板挺立的旧模式，是一代唐塑的代表作。其中南侧的那位菩萨，双肩倾斜，头部微微侧向身旁的阿难，阿难淳朴温良，憨厚腼腆，也不由自主地稍稍侧身相就，彼呼此应，似在窃窃耳语，极为传神。这样成功的组合，更增添了这群塑像的艺术魅力。这第 45 窟中，和阿难相对的迦叶，又是一派老成持重的高僧神态，双眉紧锁，富有洞察力的眼睛和微微内收的嘴角，表现他深邃的思想。雕塑家在按传统刻画他饱经岁月风霜的外貌的同时，深入人物的内心来刻画个性，将一位富有自信心的饱学哲人的内心世界表现得淋漓尽致。

第 46 窟南壁佛脚前的舍利弗，是佛十大弟子中智慧第一的高徒，当佛涅槃时，他以火自焚，先佛入灭。这一身高仅 0.52 米的塑像，很好地表现出舍利弗对佛一片虔诚崇拜之心。

佛作为领袖式的主尊，总是那样温和慈祥、庄严镇定。第 130 窟南大寺里被称作"南大像"的弥勒像，是开元九年（721）处谚、马思忠等人所塑，在只有 10 米进深的洞窟中，雕塑家们有意加大了这身 26 米高的大佛头部，在眼睑、鼻翼和嘴唇等处，处处都塑出较深的斜面，配以上下明窗自然光投影，使大佛五官轮廓分明，内在力量充沛。人们在其足下仰视时反而感到比例适中，产生了较好的艺术效果。这尊体型圆浑饱满，气度雍容庄重的弥勒像，虽然气势比武周时凿成的"北大像"略逊一筹，但仍不失为体现盛唐时代精神的大型雕塑的代表。

第 148 窟西壁专设的涅槃佛坛上安卧着的佛身旁，是佛弟子、天人、各国王子、佛姨母、菩萨等七十二身举哀像，这是群塑艺术上的一个试探性的新作。

第 328 窟西壁敞口龛内塑一佛二弟子二菩萨二供养菩萨，龛外两侧台上又各塑一供养菩萨，惜南侧的一尊被华尔纳于 1924 年盗走，破坏了这铺塑像的完整性。第 194 窟是反映唐塑艺术的代表性洞窟之一，其西壁龛内外塑一佛二弟子二菩萨二天王二力士，一铺九身彩塑，艺术水平都很高，保存也完好。当时中原地区著名的彩塑大师杨惠之等人带动唐代彩塑艺术发展到高峰，莫高窟集中反映了这一成就。今江苏昆山保圣寺存一批罗汉像，自 1918 年被发现后认为是杨惠之所塑，实为宋塑，水平不及莫高窟唐塑中的精品。第 194 窟龛外南侧力士像，怒目圆睁，抿嘴咬牙，硕壮的体格，高突的胸肌，蕴藏着无穷的力量，是敦煌力士中最出色的一身。如果对比古希腊雕刻家米隆的杰作《掷铁饼者》，则可见东西方雕塑艺术风格的差异。

本时期末，瓜州（今甘肃瓜州一带）先于沙州敦煌被吐蕃占领，段文杰认为榆林窟第25窟即建在吐蕃占领瓜州初期的大历十一年（776）至建中二年（781）这五年之间或稍后，即已占领瓜州而尚未占领沙州的紧张时刻。该窟仍明显地保存着盛唐的特点，与莫高窟的第45、172、217、320、445等盛唐典型窟相似。其主室四壁均保存唐代原貌，内容为弥勒变、观无量寿经变等，绘制了弥勒世界和无量寿佛净土两个极乐世界，前者人、神交会，后者是纯粹的神的世界，带领人们进入佛教净土思想富有生命力的艺术境界。就时代背景而论，艺术家的这一精心创作，也似是对正在逝去的大唐盛世刻意的挽留，现在则是留给我们激起浮想联翩的历史性纪念。

八、中唐吐蕃时期的敦煌及画塑（781—848）

在敦煌，大致相当于中唐的是吐蕃时期。

唐德宗建中二年（781），在孤立无援的情况下坚持抗蕃斗争长达十年的沙州被迫订立城下之盟，自吐蕃接管的"番和之日"，敦煌易帜，自此河西走廊全部落入吐蕃之手。[1] 十年苦战换到可以留居故地"毋徙佗境"的许诺，沙州地方也得以

---

[1] 沙洲陷蕃还有785、786年说，此从《元和郡县图志》卷40"沙州"条，参见陈国灿：《唐朝吐蕃陷落沙州城的时间问题》，《敦煌学辑刊》1986年第1期。

保全。敦煌人民为自己可爱的家乡所进行的斗争是悲壮的。

吐蕃是中古时代我国青藏地区的藏族政权,在赞普松赞干布和唐太宗时便与唐朝建立了密切的政治经济关系,人民之间有友好的交往。但唐蕃政权之间又不时发生争夺。中唐以后,吐蕃多次进犯关中,广德元年(763)还一度攻进长安。吐蕃奴隶主军队更富有掠夺性和破坏性,《文献通考》卷322古雍州条载:"(河西)自唐中叶以后,一沦异域,顿化为洪荒沙漠之区,无复昔日之殷富繁华矣。"吐蕃占敦煌后,在十三乡推行他们的部落制度,用敦煌世家豪门为部落使。"置毒靴中"暗杀了领导过抗蕃斗争的阎朝,还"屡发兵戈"镇压反抗。为严加防范,收尽民间铁器,以致影响了农业生产。在832—834年沙州释门都教授洪䇩所开第365窟的《吴僧统碑》中记:"复遇人经虎噬,地没于蕃,元戎从城下之盟,士卒屈死休之势,桑田一变,葵藿移心。"开成四年(839)阴嘉政开的第231窟的《大蕃故敦煌郡莫高窟阴处士修龛功德记》亦载,"陇上痛闻豺叫,枭声未殄,路绝河西,燕向幕巢,人倾海外",对被迫"纹身""辫发""屈膝两朝之主"不无愤懑,还诉说"岂图恩移旧日,长辞万代之君",为"报恩君亲",凿窟明志。人们虽然"胡服臣虏",但"每岁时祀父祖,衣中国之服,号恸而藏之",见到中原来人便"问天子安否,兵何日来"[1],处处流露出对大唐故国的深切怀念之情。在半个世纪中,敦煌人民没有中止反抗吐蕃奴隶主的斗争,才有了最后张议潮在家乡

---

[1] 《新唐书》卷216下《吐蕃传下》。

领导人民赶走吐蕃并进而光复全部河西的胜利。

面对敦煌人民的斗争，吐蕃的统治政策不能不有所调整。在占领之初八年中便曾"歃血寻盟，前后三度"，陈情表透露，"伏赖宰相守信，使无涂炭之忧，大国好生，庶免累囚之苦"[①]。似乎不得不恪守盟约，放弃最初的严厉镇压政策，还发还了一部分铁器以便农耕[②]。为了满足汉族人民怀旧的宗教感情，还从唐朝延请俗讲僧"善讲者"到河西讲经。[③] 当786年黑衣大食国王诃伦东侵时，吐蕃军队在河西、安西、北庭各族人民支援下，击退来犯之敌，捍卫了祖国西疆，履行了兄弟阋斗于内而共御外侮的民族大义信条。

吐蕃时期的莫高窟虽然失去了盛唐的那种气势和光彩，但由于可黎可足赞普等吐蕃统治者笃信佛教，敦煌地区的佛教事业还是有所发展，新出现了报恩寺、安国寺等十九所寺庵。据统计，当时仅三万人的沙州便有上千僧尼，寺院经济在吐蕃统治者扶持下也空前繁荣。敦煌在吐蕃统治下，躲过了会昌法难（844—845），这时期莫高窟还开窟不止，又新建了55个窟，即第7、21、43、53、69、92、93、112、133、134、135、144、151、153、154、155、157、158、159、186、191、197、200、201、222、226、231、234、236、237、238、240、258、357、358、359、360、361、363、365、366、368、369、370、447、449、467、468、469、471、472、474、475、478、479等窟，

---

① 敦煌遗书斯1483背面《向吐蕃赞普进沙州莲花寺舍利骨陈情表》。
② 同上卷号《谢赞普支敦煌铁器启》。
③ 见《唐会要》卷97"吐蕃"条。

还继续完成了前代开凿的第91、115、117、126、129、179、188、202、384等九个窟,还重修过第23、26、32、33、44、45、49、116、166、176、180、185、199、205、212、216、218、220、225、285、286、320、335、340、379、386、392等27个窟,合计今莫高窟中91个窟保留有吐蕃时期画塑遗存,若按每年的平均数计,还超过了初唐、盛唐。

吐蕃时期所开窟的分布非常零散,从南区最南的第133、134、135窟到最北的第7窟,三五个一群,散布在崖面上下各处。

新开窟的形制,十分之九还是覆斗形顶,西壁开一龛的样式,其他例外,一般都有具体原因。比如被称为涅槃窟的第158窟,为容16米长的涅槃像,所以开长方形盝顶,在西壁设涅槃佛坛。第191窟坐南朝北,所以佛床在正面南壁,开盝形顶。第469窟坐北朝南,在正面北壁和东西壁各开一龛。第365窟即是任释门都教授的洪䇦在832—834年间修的有名的七佛堂,西壁设佛坛,窟顶拱券形,是创新的式样。再就是作为禅窟的第357窟。总而言之,除了这几个窟形特殊一点,其余都作覆斗形顶,长方形窟门,西壁开帐形龛,形制上继承盛唐,趋于划一。

这时期壁画的布置出现了程式化的规范。以第231窟和第237窟为代表,都是龛顶中央画棋格团花,四披画各式瑞像图,西壁帐门南北两侧画普贤变、文殊变,龛内壁画是善事太子故事和萨埵那饲虎等故事,南北壁画观无量寿经变、法华经变、弥勒经变、天请问经变、药师经变、华严经变,东壁门侧画维摩经变或报恩经变,各经变下面屏风画相连,绕窟一周。屏风画,在观经变下方的必是未生怨、十六观,弥勒经变下方的必是嫁娶、收获、降生、回城，药师经变下方的则是九横死、十二大愿，法华经变下画观音普门品，华严经变下画华严诸品，天请问经变下画梵天诸问。刻板雷同，结构严谨到拘束的地步。画面堆砌，一味想表现经变画的热闹场景，实际效果反而单调乏味。这种窟内布局一直延续到北宋，盛唐的活泼气氛同那些身躯高大的菩萨行列一起在壁画中消失了。确实是"外腴中疏，文高质虚"，艺术已走到渐衰的路上去了。

某些壁画的内容，如菩萨苦行和以身饲虎等一些血肉淋淋的本生故事画重新出现，似乎与险恶的时代政治背景有关，暗喻着盛世、乱世的轮回。第158窟涅槃变画弟子们号啕大哭也真哭出水平来了。前来举哀的各族徒众，有的割耳劓面，是当时一些少数民族风俗的真实写照，唐太宗去世时，就有不少兄弟民族的首领用这种方式表现痛不欲生的哀伤。悲哀的情调一时弥漫，成为这时期比较成功的主题之一。而第149、159、237、361等窟伴随文殊变的五台山图（五台山是文殊道场），一画再画，似是寄托着对故国山河的无穷思念。

第159窟东壁南侧"维摩示疾"下的吐蕃赞普听法图，把站在华盖底下的赞普——敦煌的新主人——和他的侍从及各国王子的形象准确地表达出来，历来作为研究我国少数民族历史的画迹资料。该窟西壁北侧的伎乐供养人画中跷起右脚拇指打拍子的吹笙者，描绘得非常生动，表现出画家对乐师有极细致的观察了解。第112窟南壁净土变舞乐画上的舞者，背手反弹琵琶是一种很美的艺术夸张。这一形象在敦煌壁画中一再出现，今天被当作敦煌艺术的图徽标志。

由于交通阻隔，过去从内地运来的许多颜料短缺，作画主要靠就地取材，将就用一些前代不多用的颜料，如石黄、云母，因此如第158窟、112窟的画面，色调比较清淡柔和，形成静谧幽远的意境，倒又突出了一种线描美。第158窟天请问经变画佛周围的菩萨天人表情不一，都似若有所悟，被誉为传神之作。第112窟阿弥陀净土变舞乐图中的反弹琵琶，是同类主题画中人物造型最优美的一幅。这些说明，在刻画的精致细腻方面，吐蕃时期的画塑继承了盛唐的遗风，还不无发展。所以吐蕃时期敦煌艺术的逐渐衰落，并不是全面衰败。

吐蕃时期的彩塑被毁较多，只有在离地面二十多米高崖上的几个窟保存较好。如第158窟涅槃像，呈一种舒适的睡态，毫无痛苦地"右胁而卧，汩然大寂"，进入不生不死的佛教最高的理想境界。对照身后壁画上徒众的悲伤哀恸，更衬托出佛内心的安详。与一般信徒不同，佛的高足弟子十地菩萨等知道涅槃不是死亡，所以心境平静，神态自然。一些无知外道则兴高采烈跳舞翻筋斗，被作为愚昧来讽刺。整个画塑内容丰富，被认为是宗教艺术的典范。

第158窟北侧的第159窟中两身菩萨，亭亭玉立，是这时期菩萨像中的杰作，其面相造型明显有西藏地区佛教造像的风格。菩萨的裙披和阿难的内衣、迦叶的锦裙，都有纹饰华丽的丝织物质感。唐代河西以产素绢为主，高级丝织品仅凉州有少量生产，这些彩塑上光泽似锦的织物恐怕还是来自内地的，分立的政权并不能完全阻断经济交往。

九、晚唐归义军张氏政权时期的敦煌及画塑（848—914）

842年吐蕃朗达磨赞普死，他没有儿子，内部为了争位发生分裂。论恐热杀大相尚思罗自称国相。鄯州节度使尚婢婢不服，又展开大战，论恐热虽然取胜，但吐蕃从此衰微。大中二年（848）沙州人张议潮领导人民起义，赶走吐蕃节度使，收复瓜、沙两州后又攻克东面的肃、甘等州，收复西面的伊、西等州。张议潮"誓心归国"，派出十路使节向唐廷报捷，其中一路于大中五年（851）绕道今包头附近的天德军才到达长安。唐廷即以张议潮为河西节度使兼沙、瓜、伊、西、肃、甘、兰、鄯、河、岷、廓等十一州观察使，不久改号归义军节度使。归义是豆卢的意译，早在唐中宗神龙元年（705）便在沙州城内置豆卢军，至此，沙州又成为河西的政治中心。咸通二年（861）张议潮率军攻拔凉州，将吐蕃势力全部逐出河西。七年（866）张议潮所部回鹘仆固俊又攻克北庭、轮台等城，断绝了百年的这段古丝路北道又通畅起来。当时归义军治下，"西尽伊吾，东接灵武，得地四千余里，户口百万之家，六郡山河，宛然而归"[①]。张议潮是河西各族人民共同拥戴的英雄人物。《张淮深变文》中歌颂道："西河沦落百年余，路阻萧关雁信稀。赖得将军开旧路，一振雄名天下知。"[②]

咸通八年（867）张议潮入唐任右神武统军，封万户侯，实为人质。十三年（872）张议潮去世后沙州政局开始不稳。

---

① 敦煌遗书斯6161卷《张淮深碑》。
② 见敦煌遗书伯3451。

他入朝时用侄儿张淮深（张议潭长子）为沙州刺史、归义军留后，张议潮直系后人不满。大顺元年（890）张议潮子张淮鼎政变，致使张淮深及夫人陈氏和六个儿子举室殒毙。不久张淮鼎去世，临终，因其子承奉年幼而托孤于沙州望族索勋（张议潮女婿）。景福元年（892）索勋又自任归义军节度使，得到朝廷承认。张议潮第十四女李明振妻张氏对索勋不满，又设计诛索氏，立张淮鼎子张承奉，时在乾宁元年（894）。迟至光化三年（900）唐王朝才下诏承认张承奉接任节度使。

906年张承奉建立"西汉金山国"，自称白衣天子，实行不得人心的割据，终于在三次同回鹘大战中二胜后败，搞得"生者分离异土，号哭之声不绝，怨恨之气冲天"[①]，张承奉只好屈辱求和，承认"（回鹘）可汗是父，天子是子"，911年西汉金山国降格为敦煌国，只剩瓜、沙一隅之地，不再统有整个河西。据敦煌遗书斯1563卷中《西汉敦煌国圣文神武王敕》，这个有关张承奉活动的最晚一个卷子署"甲戌年五月十四日"，知这个小朝廷大约维持到后梁乾化四年（914），张承奉死后被曹仁贵即曹议金取代，开始归义军的第二个时期——曹氏政权时期。

晚唐莫高窟新开71个窟，即第8、9、10、12、13、14、15、16、17、18、19、20、24、29、30、54、82、85、94、102、104、105、106、107、111、114、127、128、132、136、138、139、140、141、142、143、145、147、150、

[①] 敦煌曲子词《望江南乡》，任半塘编著，《敦煌歌辞总编》，上海古籍出版社1987年版。

156、160、161、163、167、168、173、177、178、181、183、184、190、192、193、195、196、198、221、224、227、229、232、241、336、337、343、348、349、459、470、473等窟，又接续前代修完第144窟，还重修过第57、75、134、135、148、194、217、220、313、338、340等11窟，合计今保存有晚唐画塑的窟共83个。

这时期所开窟散布在崖面整个南区的情况和中唐时类似，最南、最北的第132、第8两窟分别和中唐的第133、第7两窟毗邻，南北相距近一千米。

晚唐石窟形制杂乱，和中唐时期比较统一的情况很不同。这时期里覆斗形顶西壁开龛的窟数刚刚过半，其余窟形五花八门。原因是不少窟在旧窟甬道壁上凿成，或坐南朝北，或坐北朝南，因此在南壁或北壁开龛塑像的窟就有十来个。早期那种前部覆斗形顶，后部平顶的中心柱式窟又出现了两个，即第9和第14窟。此外又有中心设佛坛，坛上背屏连接窟顶的新形制，第16、138、196三窟的这种形制应与中心柱式窟有一定联系，或者是中心柱式窟的变形，也可能是汲取窟顶塌毁的教训而作的一种巧妙设计，对支撑窟顶有些用处。景福年间（892—893）开的第196窟，即何法师窟，还保留着晚唐的木构窟檐，在国内也是研究唐代建筑为数很少的几个实物资料之一。盝形顶在前代大多是作帐形龛的顶，作为窟顶的以前只有涅槃窟一例，这时期有六个之多。平顶窟仅第229窟一例。

晚唐壁画，一部分小窟特别是挤在别的窟甬道壁上的小窟，受窟面限制，内容比较简单，有的只画阿弥陀经变或普贤变、文殊变,或观经变、药师经变中的一两种。另有一部分继承吐蕃时期那种繁杂雷同偏重数量堆砌的做法。不过也有一些变化和新作,在维摩诘经变的听法图中,吐蕃赞普的形象消失了,经变画中过去众多的蕃装人物不见了。这时的供养人,男的着幞头、襕衫,腰插笏板;女的广袖长裙,发钿珠翠,服饰一新,完全恢复了汉装。

壁画中劳度叉斗圣变和报恩经变是最具有时代气息的代表,人们久违的劳度叉斗圣变又以巨幅的规模重现,如第196窟那一幅,近40平方米,画200人。该画宣扬所谓的以正胜邪,借喻张议潮战胜吐蕃光复河西的历史。出现于中唐而盛行于此时的报恩经变,也借善友恶友的故事宣扬邪不压正的观念。另外,因为归义军政权奉中原王朝,华严经变应运而生。贤愚经变诸品,除沙弥守戒自杀和微妙比丘尼品在早期壁画中出现过,这时也盛行于屏风画。

自中唐到这时,壁画内容还增加了楞伽、金光明、金刚、密严、天请问等经变,是当时社会动荡中各派宗教各种经论广泛传播的产物。遗书伯3262卷子中有咸通八年(867)开的第192窟发愿功德赞文,记窟内壁画塑像内容名称,被利用为考释同类画塑的依据。

晚唐壁画有一个很突出的特点,就是更加写实和世俗化。我们随处可以看到上层的宴会、阅兵,下层的行旅、耕作、挤奶、拉纤等种种对人世生活饶有风趣的精心描写。如第85窟东顶南侧屠房,画屠夫剔肉,饿狗垂涎三尺守候在旁,充满生活气息;第12窟南壁法华经变战争场面,激烈到白热化程度,描写极真切生动。法华经变中有方形院落，为地主宅院。第138窟弥勒所居兜率天宫城的正门有五个通道，与长安城正南门明德门规格一样。尤其是著名的第156窟——张淮深为纪念他叔父张议潮的功绩而开凿了这个大窟——南北壁画中张议潮统军出行图和宋国夫人出行图，是两幅历史价值很高的世俗壁画。张议潮统军出行图高120厘米，长1640厘米，图上战马成行，旌旗飞扬，鼓角齐鸣，甩袖起舞的两队女伎为威武雄壮的画面增添了必胜的喜庆气氛。宋国夫人出行图中的车马杂耍乐舞，更是人间生活的写照。世俗画从此搬进了庙堂。莫高窟中直接描写现实生活这类题材的壁画，当以此为嚆矢。

这时期虽然经变画种类繁多，但菩萨神像的个头却愈来愈小，供养人的形象愈来愈大。比如第196窟索勋父子供养像等，他们的身材甚至赶上和超过了盛唐时代高大的菩萨。他们就是社会上的达官贵族，华服盛装，按尊卑长幼排列有序，石窟寺发展成家庙的性质。世俗场景这样大规模地侵入佛国圣地，标志宗教艺术正在让位给世俗的现实艺术。也许是翻翻覆覆的社会变动，几度破灭了人们对天国的幻想，净土极乐世界又遥远了，人们变得更现实了，更加关注自己的今天。我们可以注意到，这时期寺院里极为盛行的"俗讲"，内容也往往离开了佛经教义，讲些历史故事和民间传说，如《舜子至孝变》《秋胡变文》《伍子胥变文》《汉将王陵变》《季布骂阵文》《王昭君变文》乃至《张议潮变文》《张淮深变文》等，"聚众谈说，假托经论，所言无非淫秽鄙亵之事……愚夫冶妇，乐闻其说，听者填咽"[①]。

---

① ［唐］赵璘：《因话录》。

和尚们从寺院经济收入考虑，培养了一批极能招徕听众的俗讲僧，高价卖票，头脑也是很现实的。这寺院"俗讲"在文学史上被认为是宋人平话和市民文艺的先声，当然这也正是中国封建社会内部结构在唐代后期发生重大转变，市民阶层兴起，在宗教艺术思想上层建筑中的反映。

还有如第 196 窟南壁步履轻盈的大势至菩萨，第 17 窟神情温雅的近侍女，第 85 窟报恩经变画利师跋国公主陪伴被刺瞎了双眼的善友太子在树下弹筝图，都是艺术上各有千秋的新作。

第 14 窟南壁的密宗菩萨别具一格。密宗在中原地区的最早传播，是在开元年间号称"开元三大士"的善无畏、金刚智、不空三位密宗大师先后从印度到长安之后的事。8 世纪中印度高僧莲华生应吐蕃赞普之请到西藏传教，形成影响很大的藏传佛教。这时敦煌壁画中出现密宗画，是受到中原密宗或西藏密宗影响的结果。

晚唐壁画张议潮出行图，用笔精细形象丰富，恢复了华丽鲜明的色彩。相比之下，这时期彩塑有些逊色，仍是七身或九身一铺的塑像，多为小型，破例的如第 196 窟彩塑比较高大，其中天王像，论个头是莫高窟同类作品中最大的一尊，虽身上有精细的彩绘，但神情板滞，整个造型有些做作。位于该窟中心佛坛北侧的作游戏坐的菩萨像倒还莹白光润，端庄健美。从这时起，造像多置于须弥坛上，离壁画较远，便于四面观赏，圆雕塑像艺术水平比以前更高。第 17 窟即藏经洞中高 0.94 米的洪䇝夹纻彩塑禅定像，造型写实，是国内现存最早的高僧写真像之一，又完全是原塑，未经后代改动，具有很高的历史价值和艺术价值。

莫高窟还有十个唐窟尚未能确定具体分期，即第65、76、81、97、110、131、169、252、344、466诸窟。西魏第288窟也在唐代不知具体何时修过，那十个唐窟都是覆斗顶，除第76窟设中心佛坛，余九窟都在西壁开一龛。壁画仅第76窟保存内容较丰富，除观经变、观音变、法华经变、药师经变、华严经变外，窟门南北还画八塔，现存上排四塔，分别画释迦降生、初转法轮、降服六师、猕猴献蜜等佛教故事，是前所未见的形式。其余几窟仅存净土变，有一半窟因残毁过甚等原因，已不见经变画，更无唐塑，以致不易具体判断开凿年代。

附：归义军节度使表

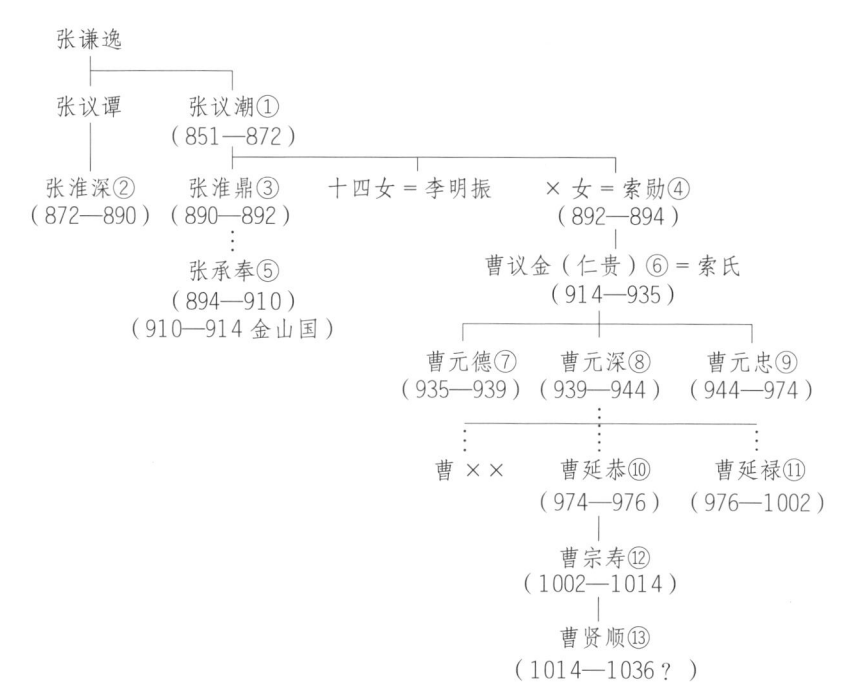

```
张谦逸
  ├── 张议谭
  └── 张议潮①
       (851—872)
       ├── 张淮深②      张淮鼎③      十四女=李明振      ×女=索勋④
       │  (872—890)   (890—892)                     (892—894)
       │              └── 张承奉⑤                    │
       │                 (894—910)                 曹议金(仁贵)⑥=索氏
       │                 (910—914金山国)              (914—935)
       │                      ┌─────────────┬─────────────┐
       │                    曹元德⑦       曹元深⑧       曹元忠⑨
       │                   (935—939)    (939—944)    (944—974)
       │                                    ┌─────────────┬─────────────┐
       │                                  曹××       曹延恭⑩       曹延禄⑪
       │                                              (974—976)   (976—1002)
       │                                                    │
       │                                                  曹宗寿⑫
       │                                                 (1002—1014)
       │                                                    │
       │                                                  曹贤顺⑬
       │                                                 (1014—1036？)
```

《九色鹿本生故事》（局部）（北魏）　莫高窟第 257 窟主室西壁

九色鹿连环画是敦煌壁画杰出的代表作之一。画面采用横卷连环画的表现形式，按两头开始、中间结束的特殊顺序布局，用八个情节描绘了九色鹿救溺水者，溺水者为了悬赏向国王告密，最终告密者恶有恶报的故事。

十、五代归义军曹氏政权前期的敦煌及画塑（914—960）

五代十国时期，因中唐以后社会上的割据因素依然存在，继续着分裂的局面。中原王朝各短命政权都自顾不暇，敦煌归义军政权自立于西陲一隅，自9世纪中叶以降，直绵延了近两个世纪之久。其间一个较大的变化是权力由张氏转入曹氏之手。曹议金大约是在914年接管敦煌政权的。张议潮孙辈的张承奉自称天子和败于回鹘两件事，搞得内外交困，怨声载道，不久就在历史上悄然消逝。州将曹议金被沙州人推举出来掌权。这时辖地只有瓜、沙二州，紫亭、悬泉、雍归、新城、石城、常乐六镇，人口不过万数，势单力薄，却在中原政权走马灯式的交替中，引人注目地又支撑了一个多世纪。曹议金及其后人为在夹缝中生存，惨淡经营，935年曹议金死后，曹元德继位，对甘州回鹘可汗改为兄弟相称，地位提高。而后940年曹元深继位，到944年曹元忠继位后达到极盛。当时采取的几项比较重要的政策是：

1. 和亲东西两回鹘。840年以后，一部分回鹘西迁至今新疆，另一部分南下甘州。五代初年，甘州回鹘势力强盛，911年打败张承奉，尽占瓜、沙之外河西各州。乾化年间曹议金接管实际已是甘州回鹘附庸的敦煌后，不得不仍和张承奉一样，对甘州回鹘卑辞下礼，称其可汗为"父大王"，并用通婚的办法和东西回鹘及于阗修好，使之互相制约，以求在他们的夹峙中保存自己。

2. 奉中原正朔。曹议金接受张承奉割据分裂尽失人心的教训，去帝号，奉中原王朝正朔，恢复归义军节度使旧称，努力争取中原王朝的承认。终于在同光二年（924）五月，后唐正式授以"检校司空、守沙州刺史、归义军节度使"名衔，有利于人心和政局安定。

3. 强调民族意识，作为立国之本。特别是在当时历史条件下，争取民族生存是很有号召力的，这是很有远见的考虑。

4. 大兴佛事。敦煌地区佛教流传已久，宗教信仰深入人心，当时人口很少，但僧尼近千，是一支不可忽视的社会势力。曹氏政权对之优礼笼络，在莫高窟不遗余力地开窟兴修，利用宗教的力量作为政权的精神支柱。

此外，在经济上、军事上曹氏也有相应的措施，终于使政权巩固下来，人称"曹公之德"。后来曹氏政权一直维持到11世纪30年代被西夏占领之时。我们这里把五代时期称为曹氏政权前期，把960年以后相当于中原北宋的时期称为后期，以便和全国的历史联系对照。

五代曹氏政权前期新开25个窟，即第4、5、6、22、35、36、40、72、86、90、98、99、100、108、137、146、187、189、261、325、346、351、362、385、476等窟[①]，还是散布在南区各处，大多开在崖面底层。最北的第4、5、6窟更在中晚唐窟之北，最南的第137窟临近崖面最南端。另外，这时接续中晚唐修成第468窟和第140窟。这时期造窟的特点是新开窟总数不多而重修前代窟特别多，数达148个，即第12、21、

[①]《敦煌莫高窟内容总录》标第61窟为五代窟，据该窟榜题有"新授太傅曹延禄"（976—1002），时当北宋，应是归义军曹氏政权后期所开凿，兹移在下节叙述。

23、26、30、31、32、33、34、38、39、41、42、44、45、46、47、49、53、74、79、80、83、84、85、87、91、113、115、117、119、120、121、123、124、125、126、127、128、129、132、138、144、145、155、162、164、165、166、180、184、185、186、188、191、197、204、205、206、208、209、210、217、218、220、225、226、229、236、244、248、251、258、263、265、272、277、278、280、281、287、292、293、294、296、297、299、300、301、303、305、306、307、308、311、312、321、322、323、328、329、331、332、333、334、337、339、341、342、347、358、359、360、361、369、374、375、379、384、386、387、388、389、390、391、392、394、395、396、397、398、401、402、412、428、435、436、440、441、445、446、447、448、467、469、474、475、483 等窟。因此保存五代画迹的石窟总数是 175 个，年平均修窟数超过了隋代，可见曹氏佞佛之甚。

新开的 25 个窟形制不一，覆斗形顶仍占十分之七，但唐以来盛行的西壁开龛的窟只有 7 个，包括西壁塑像设坛的窟也不到总数一半。这时规模最大的第 98、146 窟都设中心佛坛，坛上背屏连接窟顶。常书鸿先生推断，这种窟形，可能是由于可作洞窟的地位已全被修建，因此对早期的旧窟修建改造时，"把龛柱改造成为须弥床座及屏风，而另创了一个洞窟的形式"[1]。这时也出现了旧的中心龛柱式的第 22 窟。此外还有为

---

[1] 常书鸿：《敦煌艺术的源流与内容》，《文物参考资料》1951 年第 2 卷第 4 期。

数不多的几个平顶或盝形顶窟。

这时壁画经变，通常还是文殊变、普贤变、弥勒经变、阿弥陀经变、药师经变、报恩经变、法华经变、华严经变、思益梵天问经变、维摩诘经变、劳度叉经变。观经变和净土变比较少了。出现了成组的屏风画表现丰富的经变内容，如第98窟南壁、西壁、北壁共四十二扇屏风画，画贤愚经变诸品，第146窟也有该品屏风画二十四扇。

这时期壁画上高大的供养人像更多了，如第98窟曹议金父子供养像，张议潮、索勋等供养像，于阗国王李圣天供养像，回鹘公主供养像，第108窟曹议金、曹元德等供养像和曹氏家族女供养人像。最大的供养人像是第98窟东壁于阗国天子李圣天（曹议金女婿）的像，高达2.9米，头戴冕旒，身穿龙袍，佩长剑，登高头履，完全是中原汉族衣冠。另一幅于阗国王像见于第220窟，在甬道北壁新剥出的五代壁画中他正为文殊牵狮，寄意"舍身为奴"，表示对文殊的狂热崇拜。第5窟维摩诘经变画中，文殊菩萨下正画有听法帝王。

五代重修第397窟和第401窟时在两窟甬道盝形顶上也画了于阗等地佛教史迹画。于阗的内容在五代壁画中地位突出，正是曹氏政权远交于阗以为外援的政策的反映。第220窟1975年10月搬迁重层甬道的宋代壁画，暴露出底层五代的壁画，发愿文题"于时大唐同光三年岁次乙酉"，是公元925年的画迹，保存完好，色泽如新，文殊端坐在青狮宝座上，高鼻虬髯的于阗国王，穿四裰衫，蹬长鞘毡靴。

第100窟曹议金统军图和夫人回鹘公主出行图也被作为历

史画资料，不过内容模仿第156窟张议潮夫妇出行图。第6窟法华经变中攻战图也具有历史价值。

五代壁画也有几幅佳作，如第98窟北壁东侧经变画娱佛乐舞场面，变换了角度，从背后描绘轻捷活跃的舞姿，使画面避免了一般化。又如该窟中心佛坛背屏后面的射鹿图，野鹿惊慌逃奔，骑马猎人紧追不舍，引满待射，神态逼真。五代时出现以四大天王作为窟四角的题材，如第98窟窟顶四角的镇窟天王，第146窟跪于胡床上的北方天王和他左右着大袖汉服的天女，形象成强烈对比。再如第6窟的观音，第36窟的龙王礼佛图，第72窟的凉州山开出像记，也都色彩鲜艳，以造型情节取胜。伯希和认为第146窟是敦煌极漂亮的石窟之一。

总的来看，五代壁画规模宏伟，颜色华丽，犹存唐风，但风骨呆滞，已没有唐代之精妙生动和神采焕发的情致。像第98窟多达二百多身的大群供养人的形象毫无风姿表情，千人一面，好像是操粉本摹在壁上而后按出钱建窟人开的单子逐个填上名姓，只是女供养人鬟钿服饰方面保持着各自民族的特点，显示10世纪的敦煌是个民族大家庭的缩影。

曹氏家族设立画院，营建之多前所未有，画风多染匠气，有些则富民间装饰味，形成一种新的艺术风格。在作画技法上，线条已由铁线描渐变为兰叶描，是五代时的一个重大转变。沥粉堆金的做法也在这时开始采用。这时敦煌壁画画屏中虽然也开始有单独的山水画，但中原已经兴起发达的自然主义的山水画、花鸟画，这里还没有明显的反映，总是路途遥远阻隔尚多的原因罢。

五代塑像据统计只存一百二十四躯，其中保存原形的只有七躯，形式上保留唐代的规模格局，已缺乏内在的精神和活力。第 261 窟高 2.17 米的菩萨和高 1.78 米的天王是五代时期为数不多的精品。天王头戴皮盔，身穿长甲，完全是西域少数民族武士的装束。由敦煌画塑的情况可知，五代时期的敦煌是和西域文化汇合交融之地。

十一、北宋归义军曹氏政权后期的敦煌及画塑（960—1036）

960 年赵匡胤陈桥兵变灭后周，黄袍加身建北宋。开宝六年（973）宋朝封曹议金子曹元忠为"推诚奉国保塞功臣、归义军节度使、特进、检校太师兼中书令、西平王"，翌年他死后诏赠"敦煌郡王"，归义军曹氏不仅被中原政府承认，而且得到了最高殊勋，继续在敦煌执掌政权。

这时期的政治形势和前期相比又有变化，主要是 11 世纪以后西夏崛起，逐渐蚕食河西走廊，成为威胁曹氏政权存亡的主要对手。1028 年西夏攻占甘、凉二州，1036 年先后攻占肃、瓜、沙三州，全部占领河西。归义军自张议潮起义开始统治敦煌 188 年（848—1036）的历史遂告终。

大致相当于北宋的这个阶段，是归义军曹氏政权的后期，仍和前期一样热衷于窟寺的修建。新开窟还是散布在崖面南段各处，只有 16 个，即第 25、55、61、73、152、174、230、233、235、256、355、364、377、443、452、454 等窟，还继续晚唐的工程，建成了第 193 窟。这时重修过的窟多达 95 个，即第 7、9、14、15、34、35、46、58、59、65、67、76、89、94、112、116、118、122、133、135、136、137、141、142、145、146、161、166、167、169、170、171、172、175、l76、177、178、182、188、189、192、197、198、201、202、203、204、220、227、231、242、243、257、259、260、264、268、275、285、289、290、302、320、335、366、368、372、373、376、378、380、381、383、393、405、406、407、420、421、424、427、429、430、431、437、442、444、449、451、456、457、459、467、470、478 等窟。因此曹氏政权后期修造过的窟数共合 112 个，与前期合计为 287 个，几乎占莫高窟现存窟总数的十分之六，以至现在参观时总给人一个曹氏时代的"绿壁画"比比皆是的感觉。曹氏这样大规模修窟的原因，可能和那时莫高窟发生过的一次震灾有关，崇信佛教的曹家不计工本地维修这一佛门圣地，大概也因此而人力、财力俱有捉襟见肘之感，画塑大都比较简化，不及前代精致。不过维修时还加了一些木构窟檐和栈道，今在第 427、431、444 等窟还有遗存，都是三开间四根檐柱，所有的柱都作八边形，头拱比例硕大，左右两间开直棂窗，柱下不设柱础，直接立于地栿之上，栿下有悬挑出崖壁的栈道梁，梁间铺设木板，即成为洞窟之间的交通栈道，栈道外侧有栏杆。窟檐是一种小型的木构建筑，外观上起装饰作用，对石窟也有一定的保护作用。它们保存完好，年代确切，是十分珍贵的建筑遗产。

新开窟的形制除覆斗形顶、平顶外，还出现了第 377 窟的梯形顶和 443 窟的穹窿顶，第 55、152、233、256、454 等窟都设中心佛坛，第 55 和 152 窟佛坛上的背屏连接窟顶。

第 55 窟和 454 窟等一些巨型窟，壁画仍很繁杂，各有佛传、佛本生故事和弥勒经变、药师经变、法华经变、华严经变、楞伽经变、报恩经变、观音经变、贤愚经变、观无量寿经变、金光明经变、维摩诘经变、劳度叉斗圣变、尊胜经变等十余种。第 454 窟和 61 窟、25 窟还分别有佛教史迹画，于阗国王、于阗公主、回鹘公主和曹氏家族男女供养人像。第 152 窟有些回鹘画。一般窟维修壁画，只是补些垂幔花卉图案或单个的名王菩萨像，经变只有文殊变、普贤变等少数内容，或者重描一下前代壁画。

第 61 窟"新受太傅"曹延禄同他回鹘妻子的功德窟的壁画十分重要。其中有名的五台山图，形象地描绘了当时从河北正定到山西太原周回千里的山川景物、社会风貌，这幅创造性的立体的历史大地图是莫高窟艺术晚期的代表作。该窟西壁还有十五扇屏风画佛传：1. 击鼓报喜、九龙灌浴；2. 阿私陀仙占相；3. 七日丧母；4. 姨母养育；5. 八岁就学；6—7. 向师忍天学艺；8. 游观务农；9. 树下思维、造三时殿；10—12. 角技议婚；13. 太子结婚；14. 后宫娱乐；15. 出游四门、决意出家。

北壁屏风画佛传，起夜半逾城至均分舍利止，有连环小说的效果。洋洋大观，前所少见。

莫高窟宋塑保存很少，佛菩萨日趋臃肿，姿态拙笨，神色呆滞，缺乏生气。敷彩比较清雅，总的妆饰技术远逊于唐代。宋代中原彩塑不乏上品，如晋祠圣母殿仕女形象能表现内心世界，大足石刻、麦积山宋塑都有特色，但这些写实的风气在敦煌也看不到影响。只有如第 55 窟较完整地保存下来的金刚力士像还比较别致。

李泽厚《美的历程》说到敦煌宋窟：

> 那已是失去一切的宗教艺术：尽管洞窟极大，但精神全无。壁画上的菩萨行列尽管多而且大，但毫无生气，简直像影子或剪纸般地贴在墙上，图式化概念极为明显。甚至连似乎是纯粹形式美的图案也如此：北魏图案的活跃跳动、唐代图案的自由舒展全没有了，有的只是规范化了的呆板回文，整个洞窟给人以一派清凉、贫乏、无力、呆滞的感受。只有近于写实的山水楼台（如《五台山图》）还略有可看，但那已不是宗教艺术了。在这种洞窟里，令人想起的是宋代的理学：既没有宗教的热情，又缺乏深刻的思辨。

十二、西夏时期的敦煌及画塑（1036—1227）

西夏（1038—1227）是古代党项羌族政权，唐时受吐蕃排挤，迁至今甘肃、宁夏一带。北宋初与甘州回鹘频繁冲突，争夺河西走廊，1028年元昊攻取甘州（张掖）后东进，1032年攻占凉州（武威），1035年元昊又攻吐蕃青唐（西宁）、星岭（在西宁北山）诸城，转战北上。次年（1036）陷瓜（安西）、沙（敦煌）、肃（酒泉）三州，从这年起至1227年蒙古军陷沙州，而后不久西夏灭国，西夏统治敦煌191年，是敦煌建郡以来历时最久的一个少数民族政权。

党项占领瓜、沙后二年西夏正式立国，但直至五十年代皇祐年间，曹贤顺等曹氏后裔和原控制沙州的回鹘势力还向北宋政权"七贡方物"[1]，私下表示愿意"为朝廷击

---

[1] 《宋史》卷490《沙州传》。

贼"[1]，密谋共破西夏。莫高窟第444窟窟檐外北壁还题用"庆历六年"（1046）北宋年号。这些史实说明西夏初年并未完全控制瓜沙政局。直到皇祐年间大约1052年以后，西夏严密控制了沙州，才再不见这类与北宋的联系。

西夏时期沙州不是很太平。宋夏之间时和时战，形势变幻不定。定居在西边新疆地区的回鹘人也为和中原联系的通道被西夏切断而攻打过瓜沙诸州，企图赶走西夏人。进入13世纪以后，蒙古兵屡次围困沙州，终于在1227年破城，当年西夏亦亡。

西夏统治者十分佞佛，到处兴修石窟寺，如西夏首府今银川附近的须弥山石窟，酒泉文殊山石窟，肃北五个庙以及内蒙古一些地区，都有西夏兴建或重修的石窟。瓜沙二州的莫高窟、西千佛洞和榆林窟作为佛教圣地，是所有西夏石窟中数量最多、最集中并比较成系统的代表。

西夏时期在莫高窟新开洞窟17个，即第37、239、245、324、326、327、330、350、352、354、356、367、382、409[2]、415、464、491等窟，数量不多的原因大概也是崖面已无多空隙了，所以西夏还是以重修前代旧窟为主，这时共修过96个窟，即第6、16、27、29、30、38、39、50、51、55、65、69、70、78、81、83、84、87、88、97、117、130、136、140、142、148、151、152、153、154、158、164、165、185、194、199、206、207、218、223、224、229、

---

[1] 《宋史》卷258《曹琮传》。
[2] 有认为第409窟是隋代开，西夏整窟重绘。见刘玉权：《西夏第409窟回鹘王礼佛图图版说明》，《敦煌研究》1983年试刊第2期。

233、234、237、238、241、244、246、252、265、276、281、285、291、292、298、306、308、309、310、313、314、323、325、328、339、344、345、347、348、349、351、353、355、358、363、365、383、388、389、395、399、400、408、411、418、419、420、422、423、432、445、450、458、460等窟。合计今莫高窟存有西夏画塑遗迹的洞窟113个。其中有一部分可以区分出是976年至1127年在此地活动的沙州回鹘修的洞窟，总共为23个。此外，榆林窟还有11个西夏时期开凿或妆銮过的洞窟，西千佛洞亦犹存西夏壁画。

西夏新开窟的窟形，除第409窟窟顶是前部人字披顶、后部平顶外，都是覆斗形顶或平顶，大多仍是在西壁开一龛，没有什么特殊变化。但西夏修凿时，和宋代一样，往往同时于窟前营造木构建筑，有的发展为殿堂，如重修第130窟即盛唐南大像窟时，窟前修建的殿堂遗址1980年进行了发掘，殿堂阔五间21.6米，进深四间16.3米，地面全用西夏时流行的莲花云头纹方砖铺盖，相当壮观。

西夏时期经变画少了，仅有几幅净土变和屏风画观音普门品，重修前代的第165等窟时，也只是重描几幅普贤变、文殊变、阿弥陀经变。壁画多数画些垂幔花卉、团花图案、千佛菩萨、供养器、说法图和一些男女供养人，大都内容贫乏，简直分不出题材。

西夏早期壁画和宋代一样，严谨刻板，人物造型短而丰腴，鼻高唇薄，眼似小鱼，画风继承归义军时期，石绿底色上十分醒目地排列着许多肉体变黑的佛像，给人一种特有的冷清感。中期由于丝路再通，出现新的与回鹘族高昌壁画（柏孜克里克石窟）艺术风格相近的作品，出现了如第409窟以赭石、铁朱、土红等热色作底色的画。晚期由于密教大行于西夏，藏式佛画开始流行，同时辽、金画风和从四川辗转传来的南宋画风也有影响，莫高窟第97、491窟和榆林窟的第2、3、29窟均属西夏晚期的作品。

西夏壁画中比较好的作品，如第61窟甬道南壁端坐在大轮车上的炽盛光佛，按佛经上说佛身毛孔能放光明，今色泽虽变暗，仍然能透出金碧辉煌的原貌。第97窟南壁两侧罗汉，形骨怪异，长眉垂颊，颇有五代画罗汉名家贯休的笔意，用色富有民间风味。第328窟东壁北侧四身真人大小的菩萨，动态各有变化，线条勾勒清晰，色彩绚丽，是西夏画中艺术水平较高、保存也较完好的作品。第449窟绘有西夏王、妃的供养像。榆林窟第29窟壁画，很可能出自西夏本族画师高崇德（那征）之手，具有浓郁的西夏民族特色，是西夏艺术宝贵的代表作。在回鹘窟里出现了过去极为罕见的说法图形式的儒童本生故事画，第306窟新出现了行脚僧形象。

东千佛洞第2窟西夏甬道南北壁又有西夏供养人六身，南壁有西夏文题记二行六字，通道南北段壁画都有头戴花冠的唐僧及面作猴形身着俗装的孙悟空师徒取经图。水月观音则与榆林窟第2窟西壁门两侧所画水月观音为相同形象风格，着色敷彩也基本一致。通道西段东壁涅槃变中弟子、国王举哀图，世俗味道很浓，是当时社会士人肖像的缩影。

敦煌西夏窟中存少数彩塑、第491窟龛内存西夏彩塑三身，一佛、二供养天女，这样的题材和组合形式比较特殊。南侧的供养天女像还完整，头梳垂鬟髻，颧骨微凸，身穿裋衣、云肩，脚着尖头鞋，面带微笑，具有西夏造像特征。

十三、蒙古、元代的敦煌及画塑（1227—1372）

1227年3月，成吉思汗的蒙古铁骑强攻破沙州，6月西夏亡，比1279年南宋灭亡早半个世纪。自此至北元宣光三年（洪武五年，1372），蒙元统治敦煌145年。

出自游牧区的蒙古族统治者一开始就很重视瓜、沙的经营，移民屯田，恢复水利，很有成效，14世纪初瓜、沙二州军屯岁粮便达二万五千担。先此在忽必烈改国号为元那年（1271），马可波罗途经河西时，看到的沙州是安定的，甘州更是繁华的。为保障同西方三个汗国与元大都的联系，元朝甚至派诸王驻镇这必经之地沙州路。元代着意经营敦煌，不亚于初盛唐时代。

元朝统治者也笃信佛教，特别是由于八思巴在1246年起出任忽必烈国师的关系，藏传佛教萨迦派十分得势。与此相应，密宗盛行于敦煌，成为敦煌寺院的主要教派，在莫高窟中留下了密宗画塑。

元代在敦煌新开8窟，即第1、2、3、95、149、462、463、465等窟，重修前代第7、9、18、21、61、76、85、138、146、190、285、316、320、332、335、340、413、464、477等19窟，共合27窟。

新开的第1、2、3窟在崖面南区的最北头，第463、465

窟在崖面北区，这时崖面南区十分拥挤，只好向北发展了。元代，窟形主要还是覆斗形顶，除西壁开一龛外，也有如第465窟设中心圆坛，如第462窟前部人字披顶、后部平顶的形制，并又出现了一个有中心龛柱的第95窟。

元代密宗壁画，除了西夏传下来的汉密系统，又增加了风格迥异的金刚藏密画派作品，神秘恐怖，与现实生活相去更远，但设色鲜美，鸟兽图极活泼。第3窟南北壁有千手千眼观音和千手千钵文殊各一铺，神色庄重，画工精绝，是少有的佳作。使用"兰叶描"线条，顿挫转折，劲利自然，兼以铁线描、折芦描、行云流水描等多种笔法，将肉体、须发、璎珞、锦、绢、绵、麻等各种不同质感的东西都表现得恰到好处。这是画在湿壁上的水墨淡彩壁画，通称"湿壁画"，当与宋李明仲《营造法式》所载沙泥壁画有渊源关系，也有认为可能传自尼泊尔，或是受西方文艺复兴时代画法影响出现的。

元朝另一个代表窟是表现藏密题材的第465窟，人称"秘密寺"。中心圆坛上塑像已毁，"顶上画以大日如来为中心的五方佛，四壁画妙乐金刚、胜乐金刚、吉祥金刚等双身像，东壁画铺人皮、挂人头、骑骡子的怖畏金刚。整窟画风细密，对人体的描绘准确生动，特别是表现人体四肢运动的节奏美和净土宗壁画的'衣冠文明'各有异趣。此窟艺术水平很高，是藏族画家中几位高手的作品"[1]。该窟欢喜金刚是释迦牟尼为调伏欲界众生而示现的双身像之一，主尊蓝色，八面十六臂，佛

---

[1] 史苇湘：《丝绸之路上的敦煌与莫高窟》，《敦煌研究文集》，甘肃人民出版社1982年版。

母裸形，相抱主尊，俗称"欢喜佛"。色彩艳丽，对比强烈，装饰味道很浓。

五个庙石窟西夏或元代重修的第 1 窟壁画有弥勒变，炽盛玄佛和背衬的十二宫及二十八宿的内容在敦煌仅元代重修的第 61 窟文殊堂有一例。五个庙第 1 窟东西壁有坛城图，正壁绘曼陀罗十一面观音和曼陀罗八面观音，以及中心柱四壁的曼陀罗壁画等，是西夏末李仁孝从西藏引进密教以后，壁画盛行藏密内容的表现[①]。

莫高窟元塑仅余九躯，大都经清代拙劣改妆。第 465 窟千手千眼观音已毁，仅存第 95 窟六臂观音及侍从天王菩萨。第 464 窟内西北角曾封闭一盛装元朝某王的公主，1920 年被白俄匪帮拆毁，珠饰钗钿洗劫一空，唯在底层壁画上留有几行墨书，"大宋阆州阆中县锦屏见在西凉府贺家寺住……"，是元代四川移民怀念故国家乡的题记。

十四、明清时期的敦煌（1372—1644—1911）

明洪武五年（1372）派征西将军冯胜出西道取甘肃，攻兰州、西凉、永昌和瓜、沙二州，获全胜，敦煌转为明守。但不久，在吐鲁番进逼下，"关西七卫"全部内迁，正德十一年（1516）徙沙州于肃州境内，划关而守。嘉靖三年（1524）更是关闭了嘉峪关。莫高窟孤悬关外，长期陷于无人管理状态，"佛像屡遭毁坏，龛亦为沙所埋"[②]。明代的敦煌历史几乎成为空白。

---

① 参见张宝玺：《五个庙石窟壁画内容》，《敦煌学辑刊》1986 年第 1 期。
② 《敦煌县志》。

1644年明亡于李自成起义。接着清军入关，定都北京。康熙帝经营西北，平定准噶尔部，大量召民到河西屯种。雍正三年（1725）重置敦煌县，曾一次移民2405户到敦煌屯种[①]。莫高窟又复苏了。

清代新建第11、228等窟，不成规模，无可多言。但清代重修过的窟甚多，计有第1、2、3、4、5、7、9、10、12、13、14、16、20、22、23、25、26、27、29、30、31、33、34、39、65、70、72、76、77、78、81、83、85、87、88、92、93、94、95、96、97、98、100、103、105、108、111、112、115、116、117、118、119、120、121、122、123、125、127、128、131、132、133、134、135、136、138、140、141、142、143、144、146、148、150、152、162、163、164、165、166、167、168、169、170、171、172、173、175、176、177、179、180、185、186、188、189、192、202、204、209、211、212、214、215、217、218、220、222、223、225、231、233、234、236、237、242、243、249、251、256、258、266、287、292、293、294、295、296、299、302、303、304、305、307、309、310、311、312、313、314、315、318、321、323、327、329、330、332、333、334、335、338、339、340、341、342、344、345、347、350、351、353、358、359、360、365、366、367、368、369、370、371、372、373、374、375、

---

① 参见常钧：《敦煌随笔》"沙州"条。

376、378、379、380、381、382、383、384、386、387、388、389、390、393、394、395、396、397、398、399、400、401、402、403、404、405、406、407、408、409、411、412、413、414、415、421、442、444、454等216个窟。修窟时任意覆盖原画或加重描，工艺拙劣，这样的妆修，更多的是造成破坏。清代莫高窟道教势力很大，便有改佛为道的重妆，还将唐窟改为娘娘庙。第454窟清塑送子娘娘，打扮得粉面小脚，与中原一般清代庙中塑像相同，俗不可耐，已被清除出去。

同治年间，敦煌回民白彦虎起义时尽毁莫高窟走廊，上层诸窟遂不可登，却因祸得福，后来躲过了清末民国初年乱时的破坏。光绪宣统间道士王圆箓盗卖遗书后，大事修建，为贯通各窟，招工将窟内壁凿穿，自以为是功德，实际造成对许多洞窟的重大破坏。这个愚蠢的、目不识丁的道士，在出卖了藏经洞以后又对整个石窟锤砸斧凿，使这个文化的宝库蒙受一场愚昧带来的耻辱。

敦煌莫高窟经历自十六国至元代一千年的曲折发展历史后，随着我国封建社会步入晚期，也面临毁灭的厄运，和我们整个国家民族一样，在度日如年中渴望着拯救和解放。

十五、20世纪的敦煌和敦煌学

进入20世纪时，敦煌发生了一件对世纪的学术史、文化史影响深远的事件——莫高窟藏经洞被打开了。这座人类文化宝库受到举世瞩目，中外学者共同开拓了一门全新的交叉性学科，称为敦煌学。

藏经洞位于莫高窟第16窟甬道北壁，是坐北朝南的一个侧室，晚唐建，编号第17。覆斗形顶的窟高仅2.5—3米，面积不过一丈见方。1900年发现时，洞内堆满经卷、文书、法物。卷子都用白布包着，十来个卷子一包，重重叠叠堆放着，有千字文编号，总数据今人统计约有四万六七千号，是从魏晋十六国到北宋时的遗物。大部分是汉文卷子，还有藏文、回鹘文、突厥文、于阗文、龟兹文、粟特文、康居文、梵文的卷子。其中宗教经卷占大多数，约有三万二千个卷号，其他为世俗文书。绝大多数遗书是写本，也有少数刻本即雕版印刷品，其中有著名的咸通九年（868）刻的《金刚经》，是迄今发现的世界上较早的印刷品之一。全部遗书都是印刷术发达以前的写本和早期刻本，故弥足珍贵，堪称举世无双的文化瑰宝！

敦煌莫高窟这座宏伟瑰丽的艺术宝库已被联合国教科文组织列入世界遗产名录，其珍藏着的古代雕塑、壁画、装饰图案、建筑、书法、刺绣等大量作品，是研究我国美学史、美术史、建筑史、书法史、音乐舞蹈史以及生产生活、衣食住行等古代文化各个方面的珍贵实物图像资料。敦煌遗书内容更涉及宗教、政治、经济、军事、哲学、文学、民族、民俗、语言、历法、数学、医学、占卜及中外文化交流等广泛的领域，是研究我国和中亚历史难得的文献。

第三章
敦煌遗书

敦煌遗书内容涉及宗教、政治、经济、军事、哲学、文学、民族、民俗、语言、历法、数学、医学、占卜及中外文化交流等广泛的领域,是研究我国和中亚历史难得的文献。

一、藏经洞的封闭和发现

藏经洞即今莫高窟第 17 窟，因在鸣沙山，又称鸣沙石室。

其封闭的年代和原因，尚未发现确凿的原始资料。长期以来学术界流行的看法是封闭于 1036 年敦煌将陷于西夏之时。首倡此说的是法国人伯希和，他在 1908 年写的《敦煌石室访书记》中曾说："首当研究之问题，厥为卷本入洞之约略年代，此实有准确之凭证在焉。卷本所题年号，其最后者为宋初太平兴国（976—984）及至道（995—997），且全洞卷本，无一作西夏字者，是洞之封闭，必在十一世纪之前半期，盖无可疑。以意度之，殆即 1035 年西夏侵占西陲是也。洞中藏弆，至为凌乱，藏文卷本、汉文卷本、绢本画幅、缯画壁衣、铜制佛像，及唐大中刻本之丰碑，均杂沓堆置，由是可见藏置时必畏外寇侵掠而仓皇出此。"[1] 在伯希和之后，英国人斯坦因和我国学者罗振玉、姜亮夫等也都持此说。如斯坦因在《斯坦因西域考古记》中说："就卷尾以及文书中间所记载的正确年代，这些卷子的年代大概自第五世纪的最初以迄于第十世纪的终了。研究所得的这些年代以外，再加上以伯希和教授的材料比观互校，可知这一部大藏书室之封闭，一定在十一世纪初期左右，其时西夏人征服此地，有危及当地宗教寺宇之势，因而如此。"[2] 1984 年贺世哲在《从一条新资料谈藏经洞的封闭》[3] 一文中，又对

---

[1] 原载《法国远东学院院刊》第 8 卷，安南出版社 1908 年版。陆翔译文载《北京图书馆馆刊》第 9 卷第 5 号，1935 年。
[2] 向达译，中华书局 1936 年版。
[3] 载《西北史地》1984 年第 3 期。

上述观点做了补充。他认为，11世纪初期，敦煌的东边，党项势力已逐渐强大，并把进攻目标指向河西走廊；西边，信奉伊斯兰教的哈拉汗王朝也不断向东推进，并消灭了于阗的政权。在这样严峻的形势下，统治敦煌的曹氏归义军政权不得不开始十分紧张的备战工作。为了防止可能到来的党项或哈拉汗王朝军队的破坏，敦煌各个寺院便把佛教典籍、画卷以及其他各种文卷集中到莫高窟，并封砌于高僧洪辩的影堂中。为了不露痕迹，佛教徒们特意在堵塞窟口的壁上绘制了壁画。

也有人不同意上述说法。如陈垣先生在《敦煌劫余录·序》中谈道："《通考》载大中祥符末，沙州归义军节度使曹贤顺优表乞金字藏经。景祐至皇祐中朝贡不绝，知此等经洞之封闭大约在皇祐以后。"[①] 即1049—1053年以后。

有一种意见则认为，"藏经洞的封闭，当在宋咸平年间或稍后的年代里"[②]。封闭的原因可能是当时统治沙州的曹氏归义军政权内部的政变，即1002年曹宗寿逼其叔父、原归义军节度使曹延禄和瓜州防御使曹延瑞自杀。8月，宋廷以曹贤顺为都指挥使，这个过程中，双方很可能发生过一场对抗，占领莫高窟的一方秘密集中了敦煌的经卷文书封藏起来，当时还来得及在封闭墙上从容作画，他们失败后便再无人知晓洞窟中的秘密。

---

① 中央研究院历史语言研究所1931年版。
② 白滨：《试论藏经洞的封闭年代》，《1983年全国敦煌学术讨论会文集 石窟·艺术编》（上册）。

1991年，有人又发表了新见解①，认为敦煌遗书如果是为了避难而收藏的，所收物品当是收藏者认为最珍贵的东西。对于佛教寺庙来说，自然应是佛教大藏经。但洞中收藏并无敦煌存有的完整大藏经及多部金银字大藏经，而全部是单卷残部、碎篇断简，乃至破烂不堪的残卷废纸。因此敦煌遗书很可能是被废弃的经典。只是由于我国有敬惜字纸的传统及佛教徒对破旧佛典的敬畏心理，使这些东西不能被随意委弃。再加上当时北宋所雕《开宝藏》已经传入敦煌，而且敦煌本地的造纸业也发展起来，已不需要再用以前的废弃纸张的背面来书写。于是曹氏归义军统治时期便进行了一次寺院大清点。清点后遂将一大批残破无用的经卷、积存多年的过时文书与废纸，以及用旧的幡画、多余的佛像等，统统集中起来，封存到第17窟中。由于它们被认为是一堆废物，年深日久，就逐渐被人遗忘。

藏经洞在被遗忘了差不多九百年后，却又由于一件十分偶然的小事，重新被人发现了。当时一个从肃州巡防军退伍后，由于生活无着而当了道士，并在莫高窟定居下来的叫王圆箓的人，雇了一个姓杨的在16窟的甬道中抄经（一说是清理流沙）时，无意中发现甬道北壁内是空的。当晚二人便偷偷挖开墙壁，打开洞口，发现了藏经洞的秘密。

二、遗书的流散和被劫掠

近乎文盲的王道士并不认识这批稀世之宝的价值。他讨好

---

① 方广锠：《敦煌藏经洞封闭原因之我见》，《中国社会科学》1991年第5期。

地选了水月观音等几个卷子送进县衙门，县长汪栗庵又将其中的一部分转赠给正在甘肃学政任上的著名金石学家叶昌炽。叶昌炽判明这是唐物，便建议运往省城保管。但藩台衙门却心疼那五六千两银子的运费，只命令王道士将藏经洞重新封闭起来。

狡狯的王道士虽然没有半点学问，但阳奉阴违地对付昏庸的官府却是很有一套的。他不断偷偷地取出一些卷子，让人拿到新疆等地估价求售，使经卷文书在藏经洞发现之初就有零星散失。斯坦因、伯希和等人就是从中得到消息而前往敦煌的。直到宣统二年（1910）清政府学部命将残存经卷运京时，他还转移私藏了一大批，继续干出卖祖国珍贵文物的罪恶勾当。

最早来到敦煌，并从这里掠走遗书的外国人是俄国的奥勃鲁切夫（1863—1956）。1905年他在黑城（哈拉浩特，西夏黑山威福军司，今内蒙古自治区额济纳旗东30里）盗掘之后，从塔尔巴哈台商人那里打听到敦煌千佛洞发现写本的事，当年10月就赶到敦煌，用六包日用品为诱饵，骗换到手写本两大包。但他所搞走的这批手稿写本，在他在世期间一直都没有整理发表，辗转收藏的情况也不详，很可能和圣彼得堡的那批奥登堡搞去的文书混到一起了，也和科兹洛夫在黑城等地搞到的手稿混在一起了。奥勃鲁切夫作为一个地质学家颇有建树，十月革命后享有盛誉，但他在敦煌的这一段活动，却一直鲜为人知，直到近年，俄国的学者们还予以否认。然而在他的自述式著作《中央亚细亚的荒漠》中却有详尽的描述[①]。

---

① 该书的中译本由吕肖君等人翻译，商务印书馆1963年出版。

继奥勃鲁切夫之后来到敦煌的是英籍匈牙利人斯坦因（1862—1943）。从1900年到1930年，斯坦因曾四次到我国新疆、甘肃、内蒙古等地"考察"，劫走大量古代文物。1902年，在汉堡的国际东方学者会议上，他听到匈牙利地质调查所所长拉乔斯·洛克齐"热烈地叙述"1879年参加塞琴尼伯爵探险队到敦煌莫高窟的情况后，就向往着敦煌。1907年2月21日，他从古楼兰遗址出发，沿罗布泊南的丝路古道，穿越库姆塔格沙漠，经过阳关，跋涉20余天，于3月16日到敦煌。在这里，他又从一个乌鲁木齐商人口中得知了藏经洞的情况，便迫不及待地动身前往莫高窟。莫高窟中精美的壁画使斯坦因"惊心动魂"，为之倾倒。当时王道士外出化缘未归，但他仍从一个小和尚手里看到一份手稿，"那是一件美丽的、保存得十分完好的经卷，高约一尺，长可能是十五码"[1]，这使斯坦因欣喜若狂。他决心留在敦煌，等待王道士的归来。在这期间，斯坦因又考察和盗掘了长城烽燧遗址，发现了被他认为是玉门关的小方盘城。

5月21日，斯坦因再次来到莫高窟，这时王道士已回来了。但是当时藩台衙门已有封存遗书的命令，这使王道士在和这些外国盗宝人打交道时不能不有所顾忌。为敲开宝库的门，斯坦因颇费心机。他雇用了一名翻译"蒋师爷"，即汤阴人蒋孝琬，由蒋出面表示愿提供一笔"慷慨的捐献"帮助王道士修复庙宇，对此王当然乐于接受。当蒋暗示他的雇主有兴趣买些手稿文书

---

[1]《斯坦因西域考古记》。

时，王又一下子变得犹豫不安。斯坦因明白，单单以金钱的诱惑作为一种手段来战胜他的顾虑，显然是无用的，便把自己装扮成玄奘的热烈崇拜者，娓娓动听地向王道士述说自己是如何追随玄奘的足迹，从印度横越峻岭荒漠而来到敦煌的，并声称自己负有把经卷送回原来的地方去的使命。这些鬼话果然打动了愚昧无知但却以卫道者自居的王道士的心。对玄奘的或真或假的崇拜使他们之间有了共同的语言。说来也巧，王道士起初拿给斯坦因、蒋孝琬看的几个经卷，竟正是玄奘本人从印度带回的原卷中翻译过来的。这个偶然的巧合被迷信的王道士当作神授的征兆，几小时后，他就把封闭藏经洞的砖石搬开，向斯坦因展示了石室的秘藏。当斯坦因借着油灯的一丝亮光窥测藏经的密室时，顿时目瞪口呆，惊愕万状。据他自己讲："这所小屋里所展现的情景，真使我大开眼界。在道士小灯的幽暗光线下，依稀可以看见大量地、但却又是杂乱无章地堆积在一起的整捆的手稿，其高度大约有十呎。"[1]凭借多年从事考古工作的经验和在东方学方面深厚的功底，斯坦因很快就断定这些宝藏"就分量以及保存完好而言，我以前所有的发现无一能同此相提并论"[2]。于是他便对石室中的这批文化财宝下手了。英国人彼得·霍普科克在《丝绸路上的外国魔鬼》一书中说："就这样，欧洲人所欢呼的斯坦因的最伟大的胜利而同时也是为中国所咒骂的、可耻的哄骗（更不必说盗窃）行为就在这里开始

---

[1] 《斯坦因西域考古记》。
[2] 《斯坦因西域考古记》。

了。"①

　　王道士把一捆捆手稿悄悄地运到17窟外的一间密室，让斯坦因和蒋师爷在那里挑选。事情做得很隐蔽，外面对此毫无察觉。这样王道士胆子大起来了，便让他们把经卷文书带到斯坦因住的搭在16窟中的帐篷里去选。虽然斯坦因有些东方学的根底，他懂得梵文、波斯文、突厥文，却不懂汉文，只得依靠蒋孝琬替他挑选。他们把神幡绘画，无论是绣的还是画在绢上的、布上的、纸上的，一股脑儿裹挟而去，整整装满了五大桶。挑选的文书更多达24箱。这批东西里有长及丈、宽五六尺的唐绣观音大士像，有唐咸通九年（868）雕版印刷的扉页有精美图画的《金刚经》。当时斯坦因付给王道士的仅仅是四十块马蹄银，即四十锭银元宝。王道士提出的另一个条件只是要对这笔交易严守秘密，以保护他自己。斯坦因当然是乐于这样做的。王道士为此而表现得安详和满足，以至四个月后斯坦因和蒋孝琬再次折回敦煌时，王道士又痛快地给了他二百捆手稿。当斯坦因把这些东西运出我国时，仅仅支付了130英镑的税款。大约16个月后，这批无价珍宝便平安地堆放在伦敦的大英博物馆里了。

　　斯坦因之后接踵来到敦煌的是法国人保罗·伯希和（1879—1945）。他是法国著名汉学家沙畹（1865—1918）的高足，不仅熟悉13种语言，还能说一口十分流利的中国话，并且精通中国的史料学、目录学和历史地理。22岁时就当上设在越南的

---

① 甘肃人民出版社1983年中译本。

法国远东学院的汉学教授。19世纪末和20世纪初，当瑞典人、俄国人、英国人、日本人、德国人[①]在中国角逐，展开文物争夺战时，法国人正忙于在吴哥等地的发掘。看到人家收获累累，一些法国学者和官方机构便出面，在1906年组织了一个远征队，也想到中国碰碰运气。年仅27岁的伯希和被指定为这个队的负责人，另两名成员是负责测绘的路易·瓦兰博士和摄影师查尔斯·努埃特。这一年的8月，他们经由莫斯科、塔什干来到喀什。六个星期后，又从喀什前往库车，先后在吐木休克、库车等地发掘了八个月，发现了"早期库车文字"。而后又在乌鲁木齐休整了一段时间，为横越沙漠去敦煌做准备。伯希和原来只是准备在敦煌拍照和研究千佛洞的壁画塑像，但在乌鲁木齐停留期间，听到了发现藏经洞的消息，并从一位被流放的清朝贵族那里看到了一份据说是来自敦煌的手稿，于是便迫不及待地前往敦煌。

1908年3月，伯希和一行到达了敦煌、很快就找到了王道士。由于斯坦因信守誓言，为王道士保守了出卖经卷的秘密，使王道士对这些洋人非常放心。他以为这又是敛一笔"捐助"的好机会，便满口答应了伯希和的要求。一个月后，伯希和终于被引进密室。当他看到那些手稿时，也像斯坦因一样，"简直惊得呆若木鸡"。他粗略地估计这已经斯坦因等人劫余的手

[①] 德国人艾伯特·范莱考克和西奥多·巴塔思早在1905年时就在哈密从一个土库曼商人口中获悉敦煌发现藏经洞的消息，只是因为柏林电令他们去喀什与柏林人类文化博物馆印度分馆馆长艾伯特·戈伦维德尔教授会合，错过了首先涉猎敦煌石窟宝藏的机会。

稿，大约还有一万五千至两万件，要是打开每一卷看一遍，至少要六个月。但他还是下定决心，无论如何也要通翻一遍。正如他自己所说："至少我必须打开每一件，认识一下它的性质。同时看一看，它是否提供过任何新的东西。"于是他藏身密室，在昏暗的烛光下整整工作了几个星期。"不但接触了每一份稿，而且还翻阅了每一张纸片"，"没有放过任何一件主要的东西"。[①]摄影师努埃特曾为伯希和拍了一张工作照，将他在石室窥宝的情景记录下来了。伯希和凭借自己娴熟的汉文和丰富的中国历史知识，对这些藏品进行了认真选择。瓦兰后来回忆当时的情况时说："他的外套里塞满了他最喜欢的手稿……容光焕发，喜气洋洋。"[②]起初他很想把全部手稿都裹挟而去，但因藏经洞的消息流传已广，前来朝拜的信徒络绎不绝，衙门也知道有这批东西，王道士已不可能把东西卖完。最后，便以五百两银子换取了他所挑选的六千余件精品。

伯希和到达敦煌藏经洞的时间，虽然要比斯坦因晚一年，但斯坦因没能亲自进入石室挑选，他所见到的文书仅限于王道士所提供的那部分。而且斯坦因又不懂汉文，无法区分藏品的精滥，因此许多精品都未能带走。而伯希和亲自进入了石室，得以在藏经洞中一网打尽式地逐一挑选，而且他又有较高的汉语造诣，所以搜罗走的多为宝藏中的精品，如绝大多数的史地卷子和有纪年的卷子等。据统计，在他本人原编的 2700 个草目中，标有纪年的为 515 件，占 19%。而斯坦因劫去的 8000

---

① 《丝绸路上的外国魔鬼》。
② 《丝绸路上的外国魔鬼》。

号卷子，有纪年的约为344件，只占4.3%。北图所藏的8000多号卷子，有纪年的只有47件，不及0.6%[①]。此外，伯希和还搜罗了许多各种民族文字的写本，约占他所劫文书总数的一半。因此，伯希和劫去的这部分文史资料价值最高。

与此同时，伯希和率领的这支远征队在敦煌停留期间，还给洞窟编了号，并拍摄了数百幅照片。这些照片大部分都已在1920—1924年法国出版的《敦煌图录》中发表了，至今仍是研究莫高窟的重要资料。

1909年10月伯希和回到巴黎，将所得的敦煌文书交给了法国国立图书馆写本部，绘画、绣帛工艺品则藏到了吉美博物馆等地。

1909年，伯希和在回国前曾将已经运至河内的敦煌遗书中的一部分带到北京修裱。7月间，罗振玉在苏州胡同见到了这批东西，他当时感到十分吃惊。伯希和随后又送了一些照相复制品给蒋斧、罗振玉等人，并在六国饭店展览了这些文物。直到这时，中国内地的学者才知道敦煌有这一重大发现，而且已被外国人劫走了许多。这件事使他们大为震动，当即向官方上书，请求杜绝此类事件。清政府才电令敦煌地方当局清查洞内剩余古物，严禁外运。1910年，清政府又命令甘肃学台将洞中残卷悉数运京，移存京师图书馆。但是在起运之前，王道士又私自转移藏掖了许多卷子。运送途中，各地大小官吏也层层窃劫。当剩余的卷子运抵北京时，负责接收工作的新疆巡抚何彦

[①] 张广达：《国外近年对敦煌写本的编目工作》，《中国史研究动态》1979年第12期。

升之子何震彝又公然将大车接至其家，然后伙同其岳父李盛铎以及刘廷琛、方宗谦等，将卷子中精好者悉数窃取，又将较长的卷子一拆为二以充其数。最后这批东西移藏京师图书馆时，其卷数为8697号。以后由于又陆续收回了一些流散的卷子，待民国十八年（1929）移交北平图书馆时，总卷数又增为9871号。而李盛铎所窃的那批东西，却在1935年卖给了日本人，数量约有400卷之多。

19世纪末和20世纪初，日本人也来到我国西北"探险"。除了19世纪末的西德二郎、福岛安和以后的日野强、林出贤次郎、付乌次郎、远藤利男等人零星的行动外，最重要的有计划的考察，要数大谷光瑞在1902年、1908年、1910年组织的三次探险活动。

大谷光瑞出身贵族，是日本天皇的"妹夫"，同时又从父亲那里继承了日本佛教净土真宗西本愿寺第十二代教主的职务。他曾留学英国，是皇家地理学会会员，在那里感受到西方国家争相"考察"我国西北地区的风潮的影响。因此，当他于1902年结束了留学生活东归日本时，便立即组织了日本的第一支中亚探险队，从俄国进入我国新疆地区。其成员有渡边哲信、堀贤雄、本多惠隆、井上弘园，连他自己共五人。1903年初，大谷光瑞在喀什得到父亲的死讯后，便返回日本了。其他人还到了叶尔羌（今莎车）、塔什库尔干、于阗、库车、库尔勒、焉耆、吐鲁番、乌鲁木齐和河西，盗剥了拜城克孜尔千佛洞的许多壁画。

1908年，大谷光瑞组织的第二支探险队，成员有17岁的橘瑞超和野村荣三郎。6月，他们从北京出发，经过库伦（今乌兰巴托）于10月到达古城（奇台县）、吉木萨尔，在吐鲁番哈拉和卓发掘了几十天。然后两人又分道考察了塔克拉玛干沙漠周围的丝路南北道沿途重镇，直到1909年7月，才又在喀什会合，而后去克什米尔。

1909年，大谷光瑞决定派橘瑞超和英国随从霍布斯来作第三次探险。1910年10月，他们到达乌鲁木齐，又在吐鲁番发掘了阿斯塔那墓地，然后去楼兰、库车、喀什。1911年5月，大谷光瑞派吉川小一郎来找橘瑞超。1912年元月，他们在敦煌会合，并在那里滞留了近两个月，从王道士手中搞到了大约300个卷子。1914年2月，吉川小一郎在从新疆回国的途中，又到了敦煌，再次搞走了百余个卷子。

大谷探险队这三次探险所攫获的文物甚多。除上述500余卷敦煌遗书外，还有七千余件吐鲁番文书，以及木简、壁画、雕像、丝织品等。特别值得注意的是，在总共八千余件文书中，约90%以上是世俗文书。在数量不多的佛经中也有一些价值很高的卷子，如西晋时"敦煌菩萨"竺法护译的《诸佛要集经》残片，西凉建初七年（411）的《妙法莲华经》残片等。但由于这两处所出文书被混在了一起，所以使用时须加以认真分辨。

大谷光瑞为负担这三次耗资百万的远征，在经济上濒于破产。他在中国西北地区所得的收集品便也随之流散。他为了还债不得不出售了收藏着大量珍宝的二乐庄别邸。别邸的新主人前大藏省大臣久原房之助得到了很大一部分藏品，后来又把其中的一部分转让给日本的朝鲜总督，这些文物以后便存于汉城博物馆。大谷本人留存的一部分东西，曾长期在京都博物馆展出，后又辗转移交给国立东京博物馆，共249件。还有一部分原来是收藏在大谷在我国旅顺的别邸中的，后来赠给了关东厅博物馆，即以后的旅顺博物馆。此外，还有一部分是经过初步整理的文书，一直收藏在西本愿寺的仓库中，但后来却被遗忘，直到1948年才又重新发现，1949年转赠给了龙谷大学图书馆，这批东西即后来所谓的龙谷藏大谷文书。除以上几处收藏外，日本的私人手中也还有一些，有的是通过各种途径从中国搜罗去的。[①]

到我国西北地区探险的俄国人，在奥勃鲁切夫之前还有尼古拉·普尔热瓦尔斯基，他早在1879年就到过敦煌，不过他是个动物学专家，对考古学毫无兴趣，而且当时藏经洞还没有发现。其后艾伯特·曾格和德米特里·克莱门兹也分别到过吐鲁番的哈拉和卓与阿斯塔那，后者最先把切割下来的壁画带到欧洲，引起轰动，对欧洲人来中国西北的探险热颇有影响。进入20世纪，继奥勃鲁切夫之后来到中国的著名人物是科兹洛夫和奥登堡。

科兹洛夫在1908年率考察队到额济纳旗东的黑城，在当年和次年的两次发掘中获得大批手稿、印本、钱币和佛教法物，包括25幅完好的丝绸、麻布或纸上的佛教绘画。

奥登堡（1863—1934）是佛教艺术史专家，科兹洛夫刚离开中国他就来了。1909年到1910年间，他在沙俄外交部资助

---

① 参见施萍亭：《日本公私收藏敦煌遗书叙录》，《敦煌研究》1993年第2期、1994年第3期。

下进入吐鲁番、库车进行第一次探察，掠走不少古文书。1914年到1915年第二次来中国时到了敦煌，在斯坦因走后不几个月，又从王道士手里搞到了一批遗书，包括大量汉文、回鹘文的写本，还搞走许多彩色塑像和绢布画、纸画。当时奥登堡考察队还绘制了443个洞窟的平面图，拍摄了近3000张照片，临摹了一些壁画。这批写本存在圣彼得堡冬宫亚细亚部，后为苏联科学院东方研究所列宁格勒分所的藏品①。而彩塑、帛画、照片等则入藏爱尔米塔什博物馆。这批藏品在近半个世纪中没有整理，只在1925年莫斯科国际东方学会上有所介绍，详细情况很少为人知道。直到20世纪60年代，人们通过各种途径才逐渐了解到这批文物的真实情况。现在该分所收藏写本数已编至12000号以后，但有相当大比例的碎片，其中有纪年的文书最早是在北凉缘禾三年（434），有一些已不能确定出处，这批"敦煌特藏"实际上已混入了一些吐鲁番等地所出的文书。

比奥登堡这次到敦煌略早一些，1914年初斯坦因再次来到敦煌，又用500两银子从王道士手中搞到5箱手稿，600多卷。而后他又去了吐鲁番，从柏孜克里克千佛洞等处割取大量壁画，装了一百多只大箱子运走。还从阿斯塔那墓群干尸身上割取了许多美丽的丝绸。1915年，他取道喀什出国时，45头骆驼满载着壁画和其他珍贵宝物扬长而去。其中织绣品150多方，绘画500余幅。

除了这些西方探险家的骗盗劫夺外，1920—1921年间敦煌

---

① 该所1960—1967年曾一度名为亚洲民族研究所列宁格勒分所，其前身即亚洲博物馆，现又改名为俄罗斯科学院东方研究所圣彼得堡分所。

莫高窟还遭到了白俄残匪的破坏。十月革命后在国内战争中失败的沙俄白军逃窜出国，1920年11月400名（一说900名）白俄军士越过边界逃入中国后被拘留，愚昧昏庸的当局竟以敦煌洞窟为拘留地。这批潦倒绝望的白俄住进千佛洞长达半年之久，冲着文化宝窟恣意发泄，在珍贵的壁画上胡乱涂抹，写上俄军沙皇旧部的番号，甚至让坐佛口中喷出斯拉夫人的下流话。他们盗劫了安放某公主遗骸的密室，还在洞窟角落里支灶生火做饭，浓黑的油烟严重污损了大批壁画，使这座瑰丽的艺术博物馆遭受了重大损失。

　　美国人到敦煌参加文物争夺，比起西方同行们是姗姗来迟了。直到1923年秋天，由哈佛大学福格艺术博物馆东方部主任兰登·华尔纳（1881—1955）和宾夕法尼亚博物馆的霍勒斯·杰恩组成的第一支美国"远征队"才到达中国。9月4日他们从西安出发，经兰州、酒泉，于11月13日到达黑城。在那里他们偷偷摸摸地挖掘了十天。可是该地容易掘到的东西差不多已被科兹洛夫和斯坦因挖干净了，加之当时天气太冷，深入发掘困难太多，华尔纳和他的同伴只好失望地离开黑城，赶赴下一个目标——敦煌。路上杰恩因冻伤返回北京，华尔纳便自己带译员经过安西到敦煌。

　　当华尔纳见到莫高窟绚丽的壁画时，整个身心都为之震动。他说："我除了惊得目瞪口呆外，再无别的话可说……现在我才明白了，为什么我要远涉重洋，跨过两个大洲。"他一面对白俄军人的肆意破坏大为恼火，表示要"不惜粉身碎骨来拯救和保存这些即将毁灭的任何一件东西"；一面自我开脱地说："看到这种摧残文化与艺术的行为，就是剥光这里的一切，我也毫不动摇。"① 他仅仅用 70 两银子作为贿赂，就使王道士非常泰然、毫无惋惜地出让了一些壁画，由华尔纳用带去的一种能够使壁画分离的、特殊的化学溶液，把壁画粘到纱布上再剥下来。他在第 320、321、328、329、335 等窟中共剥取 26 方壁画，面积达 3.2 平方米。其中包括汉武帝遣博望侯张骞使西域迎金人图等。此外，华尔纳还从敦煌带走了两尊精美的塑像。其中之一即著名的第 328 窟的半跪式供养菩萨，这批东西使小小的福格博物馆名噪世界。

1925 年春，华尔纳决定再到敦煌去干 8 个月，以攫取更多的壁画。但这时正值五卅运动前后，中国人民的反帝爱国热情空前高涨。同时敦煌人民对华尔纳前次掠取壁画和塑像的行为十分不满，他们曾多次诘问敦煌行政当局和王道士，甚至截留前任县长，要求取还壁画。因此当华尔纳等人这次一到敦煌，便处处受到当地群众的监视，敦煌地方当局也对他们的行动严加限制。陪同华尔纳前往的北京大学的陈万里先生，为了阻止华尔纳在莫高窟的掠夺行为，也设法缩短了他们在敦煌的停留时间。结果华尔纳不得不灰溜溜地离开了敦煌。他此行所得的只是西千佛洞和榆林窟等其他地方一些石窟庙宇的照片，其重要性远不能和敦煌的文物相比。华尔纳自己也承认他的第二次远征是一次惨痛的失败。

西方文化人劫掠敦煌的最后一幕，是在 20 世纪 30 年代初。

---

① 华尔纳：《在中国漫长的古道上》，转引自《丝绸路上的外国魔鬼》中译本。

福格博物馆对华尔纳的失败不肯罢休，便找到了斯坦因，为他提供2万英镑的经费，请他代替华尔纳再次到敦煌劫宝。他在通过各种手段促使南京国民政府为其开放绿灯，批准他到新疆等地游览和发掘之后，即于1930年夏天从印度前往喀什，对塔克拉玛干沙漠中的一些遗址进行发掘。此事传出后，中国学术界掀起了一场强烈的抗议运动，许多报刊都要求把他驱逐出境，他所获得的文物也大多被当地扣留。斯坦因束手无策，只得被迫承认失败，提前溜回印度。从此，敦煌这个宝窟的大门才对外国的文化扒手正式关闭了。

三、遗书的内容与学术价值

据近年的统计，分布在世界各地的敦煌遗书的总数大约为五万卷（号）。其中时代最早的有纪年的卷子是前秦甘露元年（359），最晚的是北宋景德三年（1006），其间跨越了差不多七个世纪。遗书的内容涉及的范围也相当广泛，政治、经济、文化、史地、社会生活、科学技术各个方面，几乎无所不包，为我国各种学术研究提供了大批极为珍贵的文献资料。下面我们便把遗书的主要内容及其价值分类作一简单介绍。

1. 宗教文献

敦煌是我国中古时期西北地区的佛教圣地，发现藏书的莫高窟又是佛教遗存的洞窟，因此敦煌遗书中的绝大部分自然是佛教的各种经典写本。据估计，其数量约占全部遗书的95%以上。此外，遗书中还有一小部分道教、景教、摩尼教等中古时期曾在我国流行过的宗教的经典。

敦煌的佛教文献中以佛经为最多，尤其是一些已被历代大藏所收录的佛经，如《大般若波罗蜜多经》《金刚般若波罗蜜多经》《妙法莲华经》《金光明最胜王经》《维摩诘所说经》《大乘无量寿经》等。有人统计[①]，其中《金刚般若波罗蜜多经》约有1800号；《妙法莲华经》的卷1、卷3也都超过500号，卷7则超过700号。这些经卷由于抄写年代比较早，可用来对传世本的佛经进行校勘。特别是其中一些有梵文原经的佛典，如巴黎收藏的伯2025、2782、2789等号内的《般若经》《金光明经》，伯2783号的《妙法莲华经》等[②]。这些梵文原经在印度早已散失，现在则可根据它们来校勘，修正古译本的缺点和不足，更正确地认识经文的旨意。

此外，敦煌佛经中还有一部分未被历代大藏所收的经卷，这一类经典不仅可以补充宋以来各版大藏经的不足，还为佛教经典和佛教史的研究打开了新的门径。如其中的《大乘四法经》（斯3194，伯2350、2461等）、《因缘心论颂》（斯2462、4235，北图"官"68）、《异译心经》等20余种，其中有的署名为古印度佛教大师马鸣、龙树、世亲著，为我们研究印度佛教及其对中国的影响，汉藏佛教的交流，印度佛学大师的生平、著作及影响都提供了重要的材料。早在20世纪20年代，我国著名佛学专家李翊灼就已注意到这一类经卷。他在对北京

[①] 参见方广锠：《敦煌遗书中的佛教著作》，《文史知识》1988年第10期。
[②] 带有"伯"字编号的文书均为伯希和所劫，现藏巴黎；带有"斯"字编号的为斯坦因所劫，现藏伦敦。北图所藏则为千字文编号。

图书馆所藏的敦煌经卷进行通检后，从中抄出了159种敦煌未入藏佛经，并编写了《敦煌石室经卷未入藏经论著述目录》。后来日本的佛学团体与佛学专家也利用巴黎、伦敦和日本的写经，考证了203种未入藏经典，并编入《大正新修大藏经》中。

敦煌佛经中还有不少卷子都附有写经题记，这些题记的内容也十分丰富。其中有的是记载经文流传过程的，如北图"闰"96号《净名经关中释抄》的题记中写道：

> 爰自皇朝，时移九代，此经翻转，总有六译：第一后汉刘氏灵帝代临淮清信士严佛调，于洛阳白马寺译二卷《维摩诘经》。第二吴朝孙氏大皇帝月氏国优婆塞支谦于武康译二卷，名《维摩诘所说不思议法门经》。第三西晋司马氏武帝沙门竺法护，西域人，解三十六国语，于洛阳译一卷，名《维摩诘所说法门经》。第四东晋惠帝西域沙门竺叔兰，元康六年洛阳译三卷，名《毗摩罗诘经》。第五后秦姚兴弘始八年三藏沙门鸠摩罗什于长安大寺译三卷，名《维摩诘所说经》，即今译之本是也。第六大唐朝三藏沙门玄奘贞观二十一年于长安大慈恩寺译六卷，名《无垢称经》。六译中今惟第二、五、六，吴、秦、唐三译存，余均佚。

这个题记对该经各种异译本情况的介绍，不仅对于校勘十分重要，对于佛教典籍史的研究也十分重要。还有一些题记则为我们提供了一些社会情况。如斯2278号《宝雨经》残卷，是达摩流支于武则天长寿二年(693)所译的该经的第三个译本。此译本比前两个译本多了一段所谓的"佛授记"。卷末题记则有许多武周新字，并注明是"大白马寺大德沙门怀义监译"。据史书记载,武则天在位期间,特别宠信僧人薛怀义,此处的"怀义"无疑便是此人。从这个题记中可以推测，此经中"佛授记"的出现，很可能是薛怀义等人为讨好武则天而故意加上的。又如斯 1963 号《金光明经》的题记是：

> 清信女佛弟子卢二娘，奉为七代仙（先）亡见存眷属，为身陷在异番，敬写金光明经一卷，惟愿两国通和，兵甲休息，应没落之流，速达乡井，□卢二娘同沾此福。

这反映了吐蕃占领河西地区之后，被吐蕃所劫掠的群众思念家乡的情况。

佛教传入中国后，除了有大量的佛经被译成汉文外，中国的僧人也写了许多疏释类的撰著。这一类著作所表达的全部是中国僧人对佛经的理解，因此最真实地反映了中国佛教的特点，也是研究中国佛教各宗各派的主要资料。但是在相当长的一个时期内，这批著作都没有得到重视，甚至被排斥在经藏之外，其中不少都失传了。然而，敦煌遗书中却保存了不少这一类著作。如早期的《十地义记》（斯 2741，伯 2048）、《维摩诘经释》（伯 2244），中期的《法华玄义》（伯 3832、2118 等）、《华严经疏》（斯 2721），晚期的《瑜伽师地手记》（伯 2061、2134，斯 2613 等）、《大乘百法明门论手记》（斯 2066）等。

敦煌佛教文献中还有不少直接与佛教史有关的典籍，其中最突出的是有关禅宗的许多著作。禅宗从唐代起分成了南北两宗，由于南宗慧能成为正统，早期禅宗历史以及禅宗北宗的情况遂逐渐被湮没。但在藏经洞中却发现了许多与此有关的资料，如《南天竺菩提达摩禅师观门》（斯 2583、6958 等）、《二入四行论》(北图"宿"99，斯3375，伯3018、4634)、《达摩禅师论》(日本药师寺藏敦煌本)、《观心论》(斯646、2595、5532，伯2460、2657、4646等)、《大乘北宗论》(私人所藏)、《楞伽师资记》(斯2054、4272，伯3294等)、《传法宝记》(伯2634、3858、3559)、《历代法宝记》(斯516，伯2157、3717)、《大乘无生方便门》(又作《大乘五方便北宗》，斯2503、2581，伯2058、2270等)等。其中《楞伽师资记》明确记载了神秀—玄赜—慧安—普寂等禅宗北宗的世系。《观心论》则被一些学者认为是北宗创始人神秀的著作。对于研究早期禅宗和北宗的历史都是非常重要的资料。又如，在敦煌遗书中还发现了迄今为止最早的《坛经》(斯5475等)写本。据学者考证，此本产生的时间约为公元780年，上距慧能之死六十七年。其中所传慧能的偈为二首，其一是：

菩提本无树　明镜亦非台
佛性常清净　何处有尘埃

其二是：

心是菩提树　身为明镜台
明镜本清净　何处染尘埃

此本的发现无疑对了解慧能的禅宗思想及其形成、发展及特征很有意义。从20世纪二三十年代起，我国和日本的一些学者便开始利用这批资料进行了禅宗史的研究，并取得了不少成果。又如伯4646号《顿悟大乘正理决》是公元792—794年间，由敦煌赴拉萨的大禅师摩诃衍等二人与印度僧人辩论的记录。卷端有"前河西观察判官朝散大夫殿中侍御史王锡"所写的序文。文中详细介绍了这次辩论的情况，对于研究西藏的佛教史，尤其是禅宗入西藏的历史有着十分重要的价值。再如北周末年僧人信行（541—594）创立的三阶教，因被视为佛教异端，在隋唐两代就屡遭排挤和取缔，开元十三年（725）时政府还下令除毁所有三阶教经典。到北宋初年，此教便已烟消云散，其经典也荡然无存。但是敦煌遗书中却保留了一些隋和初唐的三阶教经典，如《三阶佛法》（斯2683，伯2059）、《三阶佛法密记》（伯2412）、《佛说示所犯者法镜经》（斯2423）、《三阶佛法发愿法》（斯1306）、《无尽藏法略说》（斯2137）、《信行遗文》（斯2137）、《大乘法界无尽藏法释》（斯721）、《对根起行经》（斯2446）等，为后人了解和研究三阶教的活动提供了重要材料。日本学者矢吹庆辉的《三阶教之研究》就是利用这些材料写成的。敦煌遗书中还有许多记载敦煌当地僧人活动情况的行状、邈真赞等，对于研究敦煌本地佛教的历史也都具有很高的价值。

各种佛经目录也是敦煌佛教文献中值得重视的组成部分。敦煌遗书中各类佛经目录数量不少，内容包括全国性目录、品次录、藏经录、点勘录、流通录、转经录、乞经录、配补录、写经录等，全面反映了敦煌僧众围绕佛经所进行的各种活动，其中有一些还是十分珍贵的资料。如经王重民先生考证、确认的伯3747号文书，以及日本学者矢吹庆辉考证的斯2872号，都是《众经别录》的残卷。据考证，此目录成于南朝齐梁之间，中唐时便已失传，直到敦煌本发现后，人们才得以重睹其真貌。由于此书在类目设置和编纂体例上都有独到之处，它所建立的分类体系与我国现行的几部图书分类法也有许多相通之处，因此，此书不仅在我国古代目录学史上占有重要地位，而且至今仍有借鉴意义。

此外，敦煌藏书的佛教文献中还有一批寺院文书，其中包括寺院财产账目、僧尼名籍、事务公文、法事记录，以及施物疏、斋文、灯文、临圹文等。这些材料集中地反映了敦煌地区的佛教活动，以及佛教教团与地方统治者之间的各种来往。如斯1604号《天复二年都僧统光照帖诸僧尼寺纲管徒众等》就是一份由敦煌地方的僧统向各寺院布置宗教活动的文件，其中写道：

> 奉尚书处分，令诸寺礼忏不绝，每夜礼《大佛名经》一卷。僧尼夏中则令勤加。事业懈怠慢懒，故令使主嗔，僧徒尽皆受耻。大家总尽心识，从今以后不得取次。若有故违，先罚所由纲管，后科本身，一一点检。每□燃灯一盏，准式。僧尼每夜不得欠少一人，仰判官等每夜巡检，判官若怠慢公事，亦招科罚，其□仰诸寺尽时分付。不得违时者。

从中可以看出晚唐五代敦煌的佛教教团是完全置于地方政府的控制之下的。又如伯2049《后唐同光三年净土寺入破历》、伯3207《安国寺上座胜净等手下入破历》、伯2032《甲辰年直岁惠安手下诸色入破历》《净土寺西仓司愿胜、广进等手下入破历》、斯1947《显通四年敦煌管内寺窟算会》以及斯542《沙州诸寺丁壮车牛役簿》《寺户妻女放毛簿》等，都为我们提供了大量关于中古时期敦煌地区寺院经济的第一手资料。从这些资料中我们可以看到，当时的敦煌寺院不仅有相当数量的土地、果园、粮食，占有大量的被称作寺户、梁户、碾户等的劳动力，还经常通过发放高利贷来赚取高额利润。

敦煌佛教文献中还有许多音韵、文学等方面的著作，如各种音义、变文、诗文等，我们将另做介绍。

敦煌遗书中的道教经卷约有500号，主要是初唐至盛唐的写本。其中包括老子《道德经》及该经的各种不同注本，如河上公注（伯2639，斯477、3926）、想尔注（斯6825）、李荣注（伯2594、2864、3237等）、成玄英义疏（伯2517）、唐玄宗的御注及疏（伯3592、2823），以及该经的各种解题，如《老子道德经序诀》（斯75，伯2407）、《老子道德经开题》（伯2517）、《玄言新记明老部》（伯2462）等。这些文献对老子研究和道教研究都很重要。此外还包括道教的其他各类文献，如《老子化胡经》（伯2007、3404、2004，斯1857、6963等）、《太平经》（斯4226）以及《洞渊神咒经》（伯3233、2365、2424等）、《太玄真一本际经》（伯2392、3304）和其他各种上清经、灵宝经等，并有《大道通玄要》等道典论和《无上秘要》（斯80，伯2602、2371、3141等）等道教类书。虽然这些文献有不少已被收入道藏，但其中一部分在内容和行文上又与道藏本不尽相同，这就不仅具有校勘学的意义，还可以从中探讨道教思想的发展演变过程。至于一些未入藏的文献，除可以直接补充《道藏》

外，对于研究道教史更是十分重要的资料。如《老子化胡经》原为西晋人王浮所著，目的是诋毁佛教，抬高道教的地位。因此此经问世后，随着佛道地位的起伏变化，曾屡遭禁断，但又屡有伪作。至元代至元十八年（1281）下令烧毁道教的伪经后，便在中土彻底亡佚。直到敦煌遗书发现后，人们才又重新见到此经。据陈垣先生考证，敦煌本的《老子化胡经》是唐朝开元天宝之后的伪作。[①] 为了抬高道教的地位，此经编造了许多荒诞离奇的情节，如经中讲老子"令尹喜，乘彼月精，降天竺国，入乎白净夫人口中，托荫而生，号为悉达，舍太子位，入山修道，成无上道，号为佛陀"。这样释迦就成了尹喜的后身，老子的徒弟。经中还讲："襄王之时，其岁乙酉，我（指老子）还中国，教化天人，乃授孔丘仁义等法……"于是，孔丘也变成了老子的徒弟。不仅如此，经中还讲："我（即老子）乘自然光明道气，从真寂境飞入西那玉界苏邻国中，降诞王室，出为太子，舍家入道，号未摩尼……"摩尼教也比道教低了一等。经文又说："摩尼之后，年垂五九，金气将兴，我法当盛，西方圣象，衣彩自然，来入中洲，是效也。当此之时，黄伯气合，三教混齐，同归于我。"也就是说，佛、儒、摩尼等教最终还要归于道教。这些说法虽然纯系胡说，但却能反映唐代各教之间互争高下的矛盾斗争情况。

敦煌所出的道教经卷还具有两个特点：一是纸质优良、多用染黄，而且墨色、字迹都很好。这固然表明了唐代经济的繁荣、

[①] 参见陈垣：《摩尼教入中国考》第七节"唐道家依托摩尼教"，《陈垣学术论文集》，中华书局 1980 年版。

造纸技术的进步，同时也说明在盛唐时期，由于皇帝的提倡，道教的地位是较高的。唐代道经的另一个特点是，其中许多卷子的背面又用来写了佛经。这些佛经书写的时代绝大部分是吐蕃和归义军统治敦煌的时期。出现这种情况的原因，最主要的当然是由于当时敦煌通往中原的道路不通畅，纸的来源比较困难，但另一方面也说明此时道教在敦煌的地位已相当低下了。如斯3071号卷子，正面是道家为皇帝祈福文，反面则是僧人所写的佛典流通录，中间并有僧人写的一行文字："道士文书，并无用处。"足以说明当时道教地位的下降。

敦煌遗书中还有少量的摩尼教、景教与祆教的资料。摩尼教是公元3世纪时，由波斯人摩尼所创立的一种宗教，唐代传入中国。我国文献中虽然对此教屡有记载，但都十分简略，难以使人知其全貌。如《佛祖统纪》卷39中曾讲："延载元年，波斯人拂多诞持二宗经伪教来朝。"此拂多诞究系何人，二宗经伪教又是何教，过去人们一直无法确定。又如《册府元龟》卷971载："开元七年，吐火罗支汗那王帝赊，上表解天文人大慕阇，其人智慧幽深，问无不知。伏乞天恩唤取慕阇，亲问臣者事意及请教法，知其人有如此之艺能，望请令其供养，并置一法堂，依本教供养。"其中所讲大慕阇为何人，其教法又如何，后人一直不能得知。另有一些文献虽然提到摩尼教，但对该教的具体情况也很少涉及。直到敦煌所藏摩尼教的典籍发现之后，上述这些问题才得以明了。特别是现在分藏在伦敦和巴黎的一份原题为《摩尼光佛教法仪略》的卷子（斯3969和伯3884）详细地叙述了摩尼教的起源、教主摩尼的形象、该教的主要典籍、教团的等级结构、寺院制度以及该教的教义等，对我们全面了解摩尼教很有帮助。例如此卷的第四部分"五级仪"中，介绍摩尼教的教团结构时讲道："第一，十二慕阇，译云承德教道者；第二，七十二萨波塞，译云侍法者，亦号拂多诞。"据此，我们便可知道《佛祖统纪》与《册府元龟》中的两条记事都是关于摩尼教的，从而又可进一步研究摩尼教传入中国的情况。

近年来，我国学者林悟殊正是在对《摩尼光佛法仪略》等摩尼教残卷进行深入研究之后，才提出了一系列关于摩尼教传入中国后的情况的见解。[①] 如他指出，敦煌卷子中的《摩尼教残经一》（北图"宇"56号）原名可能叫《证明过去因果经》，武则天当政时已经在中国流行。《摩尼光佛法仪略》则是开元十九年（731）时，由来自摩尼教中亚教团的传教师奉唐玄宗之诏写的一份全面介绍该教情况的材料。《摩尼教残经三》原名是《下部赞》（斯2659），为大历以后译成汉文的摩尼教典籍，是当时中国的摩尼教徒举行宗教仪式时用的赞美诗。这三种摩尼教经典都是研究摩尼教教义、宗教仪式，及其在中国发展变化的重要资料。从这些残卷可以看出，唐代在中国流行的摩尼教，并不是直接来自摩尼教的发祥地——古波斯西部巴比伦一带的摩尼教团，而是直接来自独立的、正在佛教化的中亚摩尼教团，而且在传入中国后，其佛化的程度又逐渐加深，从

---

① 参见林悟殊的一系列论文：《〈摩尼教残经一〉原名之我见》，《文史》二十一辑；《摩尼教〈下部赞〉汉译年代之我见》，《文史》二十二辑；《唐代摩尼教与中亚摩尼教团》，《文史》二十三辑。

仅仅使用一些佛教术语发展到干脆直录佛典经文，以佛教同宗自居，甚至把自己的教主及所崇拜的神都称为佛，终至和佛教浑然一体。

景教是古代基督教的一个支派。公元5世纪时由叙利亚人聂思脱里创立，又称聂思脱里派。因其学说与当时流行的基督教义不一致，遂被谴责为异端。聂思脱里本人被放逐，其教徒逃亡波斯。后该教遂由波斯传播至中亚，并于唐贞观九年（635）由叙利亚人阿罗本传入中国，此后便在中国流行。到唐武宗灭佛时，又与佛教、摩尼教、祆教等一道被禁止。关于景教在唐代流行的情况，文献记载颇缺，直到明天启五年（1625）在长安发现了《大秦景教流行中国碑》后才略知一二。据该碑碑文所说："太宗文皇帝光华启运，明圣临人。大秦国有上德，曰阿罗本，占青云而载真经，望风律以驰艰险。贞观九祀，至于长安。帝使宰臣房公玄龄总仗西郊，宾迎入内。翻经书殿，问道禁闱。深知正真，特令传授。"据此可知，唐代景教已有中文译经流传，但究为何经，仍不得而知。敦煌遗书发现后，曾从其中得到了七卷关于景教的资料，即《大秦景教三威蒙度赞》（伯3847）、《尊经》（伯3847）、《一神论》、《序听迷诗所经》、《志玄安乐经》、《宣元始本经》、《大秦景教大圣通真归法赞》（以上几卷均在日本私人手中）等。这些材料对于研究景教的教义及其在中国流传的情况大有裨益。譬如《尊经》末尾的跋文中有这样一段文字："谨按诸法目录，大秦本教经都五百二十部，并是贝叶梵音，唐太宗皇帝贞观九年，西域大德僧阿罗本届于中夏，并奏上本音，房玄龄、魏征宣译奏言。后召本教大德景净，译得以上三十部卷，余大数俱在皮夹，犹未翻译。"从中可以看出，当时由阿罗本等人携至中土的景教文献共有520部，译成汉文的是30部。经一些学者研究，这些经卷在译成汉文后也采用了一些佛道用语，但内容却仍然保留着景教的特色。[1]

2. 儒家经典

自汉武帝"罢黜百家""独尊儒术"以来，儒家经典便成为历代封建王朝取士选能的基本内容，也成为士大夫的必读之书，即使是佛道之徒启蒙入学，也必须读《论语》《诗经》《尚书》。因此，从汉代起，随着对河西走廊的开发，儒家经典便也传到了这一带。魏晋时期中原板荡，河西地区却相对安定，因此许多在中原被焚于战火的文化典籍，在这里却完整地保存下来。隋统一后，由于河西地区与内地联系的加强，南朝的典籍以及中原新修的典籍也传到了敦煌。因此在敦煌石室中，一些重要的儒家经典，如《易经》《诗经》《尚书》《礼记》《春秋》《论语》等都有发现，而且多系六朝和唐代写本，总数达百卷以上。其中又以《尚书》《论语》《诗经》的数量最多，而且学术价值也较高。

《尚书》是中国古代商周时期的历史文告和部分追述古代事迹的著作的汇编，是研究我国商周奴隶制社会历史的重要资料。此书相传是由孔子编选而成的，在我国两千多年的封建社

---

[1] 参见陈增辉：《敦煌景教文献〈志玄安乐经〉考释》，《1983年全国敦煌学术讨论会文集 文史·遗书编》（下）。

会中，一直被奉为治国安邦的重要经典，在儒家"五经"中地位也最高。但是最早的《尚书》原本，据说在秦始皇焚书坑儒之后便已失传。汉文帝时由济南伏生口授，得29篇，由晁错用隶书记录下来，是为"今文尚书"。到汉武帝时，鲁恭王坏孔子宅，又得"古文尚书"（用所谓蝌蚪文书写的，或称籀文），"古文尚书"又由孔安国依"今文尚书"考校改定之，并易蝌蚪文为隶书。此本被称为"隶古定"，即"就古文体而从隶定之。有古为可慕，以隶为可识"。但孔安国这个本子很快又失传。直到东晋元帝时，才又有梅赜献"古文尚书"。梅颐所献虽系伪作，但也还保留了一些"隶古定"的原貌。至唐天宝三年（744），玄宗召集贤殿学士卫包改定"古文尚书"为今本，收旧本藏诸秘府，世间遂不复习诵。梅赜所献"隶古定"《尚书》从此便亡佚不传。但人们尚可根据陆德明的《经典释文》考见"隶古定"之什一。北宋开宝五年（972）陈鄂校刊"释文"，此后"隶古定"便荡然无存了。传至今日的唐代改定的《尚书》错误极多，且解说纷纭，莫衷一是，给历代研究者和校勘学家带来了不少麻烦。然而敦煌遗书中保存的《尚书》均为六朝和初唐写本。其中比较重要的有六朝写本《古文尚书篇目》（伯2549）、《古文尚书·夏书》（伯2533）、初唐写本《古文尚书·尧典》（伯3752、3767）、《古文尚书·禹贡》（伯3469、3169、3605、3615、5522等）、《古文尚书·商书》（伯2516等）、《古文尚书·顾命》（伯4309）以及《洛诰》（伯2748）、《秦誓》（伯2980）等。这是我们今日所能见到的最古的版本。这批写本的发现对于纠正现存《尚书》中的错字、错句，以及由此而产生的各种注疏上的错误都具有极高的价值。

《论语》是孔子的语录。孔子死后，七十二弟子恐"微言一绝，景行莫书"，于是便"佥陈往训，各述旧闻"，以成此书。东汉时《论语》被列为"七经"之一。许多学者如孔安国、马融、郑玄、陈群、周生烈等都为之作注。三国时何晏又辑集各家古注，编了《论语集解》。但隋唐以后各家注本逐渐失传，宋以后《论语集解》也已亡佚。为了弥补这一损失，清人马国翰等曾潜心搜集各家注文，把他们收在《玉函山房辑佚书》中，但缺失仍然很多。特别是东汉经学大师郑玄所著的《论语郑氏注》，在该辑佚书中只有很少一点，大约不及原书的百一。然而敦煌写本中却保存了4件《论语郑氏注》（伯2510，斯3339、6121，日本收藏一件），均为唐人写本。此项发现对于进一步研究《论语》及郑学都是很可贵的资料。

敦煌遗书中还保存了六七十件《论语集解》，大部分都是中唐写本。其中最精的是斯800号，王重民先生曾据此卷，并参照其他资料，指出了今本《论语》中的一些错误[1]。如《述而篇》"举一隅而示之"，今本脱"而示之"三字。又如"子于是日哭，则不歌"，今本有注"一日之中，或哭或歌，是亵于礼容"，但敦煌本却无此注。又如"我三人行，必得我师焉"，今本脱第一个"我"字。

敦煌本的《论语皇侃疏》（伯3573等）是现存最古的一种论语疏。此疏的作者皇侃是南朝梁人，他总结了梁以前蔡谟、

---

[1] 参见《敦煌古籍叙录》卷一经部，中华书局1979年版。

袁弘、孙绰、范宁、王岷等十三家疏义,考其得失,辨其同异,以成此书。梁以前各家疏赖此而得以保存。但自宋初邢昺奉诏为《论语》作新疏,颁列学官后,皇疏遂逐渐式微,至南宋时已失传。后来到清乾隆年间,余萧客辑《古经解钩沉》,才又把散见于各书的皇侃疏辑录成卷。但此辑本比较粗糙,仅略具崖略而已。大约与此同时,我国学者也从日本得到了唐时传入该国的皇侃疏,并将其收录到了《四库全书》和鲍廷博的《知不足斋丛书》中。但此本已经日本人删削窜改,远非原貌。敦煌本出土之后,一些学者据此对《知不足斋丛书》中的皇侃疏进行了校勘,发现其中错误舛漏之处甚多,体系也很混乱。例如《八佾篇》中"子曰夷狄之有君不如诸夏之亡也"一句话的疏,知不足斋本为:"此盖为下僭上者发也。诸夏,中国也;亡,无也。言中国所以尊于夷狄者,以其名分定而上下不乱也。周室既衰,诸侯放恣,礼乐征伐之权,不复出自天子,反不如夷狄之国,尚有尊长统属,不至如中国之无君也。"而敦煌本皇疏却为:"此明孔子重中国,贱蛮夷。言夷狄之有君,生而不如中国之无君,故云不如诸夏之亡。故孙绰云:诸夏有时无君,道不都丧;夷狄强者为师,理同禽兽。释慧琳云:有君无礼,不如有礼无君,言季氏有君无礼。"二者的意思竟至截然相反!从此可以看出,敦煌本《论语》的出现不仅对此书的校勘有重要意义,也为研究者提供了许多比较确凿的资料。

《诗经》在敦煌石室所出的儒家经典中也是数目较多的一种。据不完全统计,大约有30卷,均为六朝和唐写本,其中又以郑玄所注《毛诗故训传》(伯2529、2538等)和徐邈撰《毛诗音》（伯3383，斯2729等）最为人所重视。我国一些著名学者如罗振玉、刘师培、王重民、姜亮夫等人曾把敦煌本的《毛诗故训传》和宋元以来的刻本加以校对，发现二者不同之处甚多，其中有一些还是直接关系到《诗经》原意的。如《齐风·东方之日》，今本序作"刺衰也"，敦煌本却作"刺襄公也"。很显然这是在《诗经》流传过程中，把"襄"字以形误作"衰"，后人不知，又去掉了"公"字，于是差之毫厘，遂谬以千里。又如今本《小雅·鹿鸣之什·出车》"执讯获丑"，笺云"执其可言所获之众"，实难以理解。而敦煌本作："执讯，执其可言，问及所获之众。"显然要比今本清晰明了得多。再如《小宛序》，今本作"大夫刺宣王"，而敦煌本却作"刺幽王"，不论从史实还是从诗义来说，都比刺宣王更合道理。如此种种，不胜枚举。清代考据学家常为考定《诗经》中一个字而费极大的功力，还不知是否确切。仅从这一点来说，也可看出敦煌本《诗经》的重大价值。

《毛诗音》是关于《诗经》音读的著作，为南朝人徐邈所著。后来陆德明撰《经典释文·毛诗音义》时，即是以徐音为蓝本的。但徐音本身却于唐宋之际亡佚。清人虽有辑佚者，但所得仅250余条；而敦煌本的徐邈《毛诗音》虽然也是残卷，仅存98行，其中音义却有近千条。这对于研究《诗经》以及音韵学当然也都是极为宝贵的资料。

此外，敦煌本的儒家经典还有《周易》（伯2530、2532、3872，斯6162等）、《礼记》（伯2500、3380，斯2590、575等）、《春秋左氏传》（斯6070、85，伯4636、3729等）、《春秋穀梁传》

（伯2486、2536等）、《孝经》（伯2545、2674，斯6019等）等，在校勘、训诂、辑佚等方面也都有较高的价值。

3. 史籍与地志

敦煌遗书中所保存的古代史籍与地志，从数量上看并不很多，但其内容却很丰富，学术价值也很高。有的可补充历史记载之不足，有的可订正史籍纪传之讹误。特别是一些有关西北边地的史地材料，由于过去保存极少，尤为可贵。

在这一类资料中，有一部分是现存史书的古本残卷，如《史记集解》（伯2627），《汉书》的《刑法志》（伯3557、3669）、《王莽传》（伯2513）、《萧何曹参张良传》（伯2973）、《萧望之传》（斯2053，伯2485），《三国志·步骘传》（敦煌研究院藏本），以及《晋书》中的《何曾传》（伯3481）和《载记》（伯3813）等。这些卷子均可供史籍校勘之用。此外还有不少已佚古史书，如孔衍《春秋后语》（伯2702、2569、2589、2872等）、邓粲《晋纪》（伯2586）、李荃《阃外春秋》（伯2501、2668等）、虞世南《帝王略论》（伯2636），以及不知作者姓名的唐代残史书（斯2506，伯2810、4073等）。这一类材料可对现存史籍起补正作用，如邓粲的《晋纪》。据《隋书·经籍志》所载，唐初设馆修晋书以前，前后曾有晋史十八家，中唐以后相继亡佚，仅官修《晋书》流传至今。直到清代，才有一些史学家对十八家晋书做了一些辑佚工作。其中邓粲的《晋纪》也有黄奭、汤球、陈运溶三家辑本，但都差失甚多。敦煌遗书中的邓粲《晋纪》虽然也是残卷，但所存史料都较精详，有多处可补正现存《晋书》。如《晋书·元帝纪》中记载石勒自立为帝是在大兴二年（319）十一月戊寅，《晋纪》则记在正月。《元帝纪》中，大兴二年五月，记有"平北将军祖逖及石勒将石季龙战于浚仪，王师败绩"。但同书《祖逖传》中的记载却是："逖率众伐（陈）川，石季龙领兵五万救川，逖设奇以击之，季龙大败，收兵掠豫州，徙陈川还襄国，留桃豹等守川故城，住西台。"纪、传虽同记一事，但所记胜败却完全相反，令人无所适从。而在敦煌本的邓粲《晋纪》中，也保留着关于这一段史实的记载："平西将军伐陈川，闻石虎等济河、将救之，狄（逖）人左伏肃先驰，狄设伏谢（射）之，虎乃退，遂掠豫州诸郡，徙川襄国，留桃豹于川台。"所记与《晋书·祖逖传》相同，则可知《元帝纪》中所言"王师败绩"是错误的[①]。

敦煌遗书中还有四件为历代书目所未载，题名为《天地开辟以来帝王纪》的残卷（斯5505、5785，伯2652、4016），其中叙述了远古传说中天地开辟、九氏三皇五帝事迹，一直到晋。据考证，此书作者是宗略、宗显二人，成书时代上不早于西晋、下不晚于隋，极可能是东晋十六国时期的作品[②]。该书的性质则属于谶纬系统的杂史类著作。据《隋书·经籍志》所载，这一类著作当时还有《帝王世纪》《三五历纪》《古史考》等。但大多数都已失传，仅有少量佚文偶然见于《艺文类聚》《北堂书钞》《初学记》和《太平御览》等类书中，使人难窥全貌。

---

① 参见《敦煌古籍叙录》卷二史部。
② 参见郭锋：《敦煌写本〈天地开辟以来帝王纪〉成书年代诸问题》，《敦煌学辑刊》1988年第1、2期。

而敦煌石室中保存的这本《天地开辟以来帝王纪》却首尾完整，简略概括，充分反映了这一类书的面貌。

敦煌遗书中还保存有若干件唐代的《姓望氏族谱》，据唐耕耦考证[1]，其中北图所收藏的一份（"位"79）大致是撰写于武德五年到开元天宝以前；另一份分藏于伦敦和巴黎（斯5861和伯3191），撰写的时代要晚于前者；还有一份藏在伦敦的斯2052号《新集天下姓望氏族谱》则是一份十分完整的卷子，它的撰写年代又比前一份晚，大致是在唐德宗在位期间完成的[2]；另外一份藏在巴黎的伯3421号，其形式和内容与2055号十分相似。这几份写本为研究唐代地主阶级的状况，特别是研究士族地主衰落的情况，提供了非常重要的资料。

此外，敦煌遗书中还有相当数量的地方史资料，尤其是唐末五代归义军的资料。关于归义军统治时期敦煌的历史，在《新唐书》《旧唐书》《资治通鉴》以及《新五代史》《旧五代史》《宋史》《辽史》等正史中，记载都十分简略，而且错误很多。因此在敦煌石室藏书发现以前，人们对这一历史时期中敦煌地区的真实情况只有一鳞半爪的了解。而敦煌遗书中仅仅是与归义军及张曹两氏有直接关系的资料，就在百种以上，其中又有不少是史传性质的写本。如《张延绶别传》（伯2568）、《张氏勋德记》（伯2762）、《张淮深墓志铭》（伯2913）等。

---

[1] 参见唐耕耦：《敦煌四件唐写本姓望氏族谱（？）残卷研究》，《敦煌吐鲁番文献研究论集》第二辑，中华书局1982年版。

[2] 参见王仲荦：《〈新集天下姓望氏族谱〉考释》，《敦煌吐鲁番文献研究论集》第二辑，中华书局1982年版。

半个多世纪来，学者们正是根据这些材料以及一些表状等公文和有关的文学作品如《张议潮变文》（伯2962）、《张淮深变文》（伯3451）、《龙泉神剑歌》（伯3633）等，才使敦煌这一段历史得以恢复原貌的。罗振玉的《补唐书张议潮传》、《瓜沙曹氏年表》（《雪堂丛刻》，1914），王重民的《金山国坠事拾零》（《国立北平图书馆馆刊》第9卷第6期，1935），向达的《罗叔言〈补唐书张议潮传〉补证》（《辽海引年集》，1947），唐长孺的《关于归义军节度使的几种资料跋》（《中华文史论丛》第一辑，1962），姜亮夫的《唐五代瓜沙张曹两世家考》（《中华文史论丛》第三辑，1979）、《瓜沙曹氏年表补正》（《杭州大学学报》1979年第1—2期），孙修身、贺世哲的《〈瓜沙曹氏年表补正〉之补正》（《甘肃师大学报》1980年第1期），以及日本学者藤枝晃的《归义军节度使始末》（《东方学报》第31册）等文章就是利用这些资料写成的。近年来，关于此问题的研究又不断地深入，已基本可以列出一张较为完善的"归义军节度使世系图"[1]。

除了上述各种史籍之外，敦煌石室中还收藏有不少唐代的古地志资料。据文献记载，唐代曾大量编集图经和地志，仅《新唐书·艺文志》所载就有十余种。如贞观十年（636）魏王李泰的《括地志》、长安四年（704）的《十道图》、开元三年（715）的《十道图》、梁载言的《十道志》，以及贾耽的《贞元十道录》、李播的《方志图》、李吉甫的《元和郡县图志》、韦澳的《州

---

[1] 参见荣新江：《敦煌研究揭开晚唐五代宋初西北史的新篇章》，《中国文化》1990年第二期。

郡风俗志》《诸道山河地名要略》、刘之推的《九州要略》以及《郡国志》《皇华四达记》《古今郡县道四夷述》等。但是这些著作除《元和郡县图志》还保留了大部分外，其余均已亡佚。然而敦煌遗书所收藏的十余种古地志中，却有一些正是《新唐书·艺文志》所记载的，如《贞元十道录》（伯2522）、《诸道山河地名要略》（伯2511）。

敦煌遗书中的《贞元十道录》保存了16行，载剑南道十三州，每州之下记所管县名、土贡及距两京道里和县距州的里数。所载与《通典》《元和郡县志》以及《新唐书》《旧唐书》的《地理志》多有不同。因此这是研究唐代地理的一部重要资料。

韦澳所著《诸道山河地名要略》残存其中第二，载河东道州府八：晋、太原、代、云、朔、岚、蔚、潞。其体例为先述建置沿革、次事迹、次郡望地名、次水名、次山名、次民俗、次物产，开创了后世地志体例。其中一些材料还可补正史地理志中的疏漏。如代州条记："武德四年置代州都督府，今所刺史理所，兼置代北水运使用。"《新唐书》《旧唐书》的《地理志》《食货志》中对此却均无记载，只有《新唐书·卢垣传》和《册府元龟》卷498中提到过。

此外，在敦煌县博物馆（今敦煌市博物馆）中也藏有一卷唐写本地志残卷（敦博58号）。此卷系由七张麻纸粘连而成，高31厘米，残长299.3厘米，现存160行，其内容是从陇右道始起，依次为关内道、河东道、淮南道、岭南道。除陇右道与岭南道残缺外，其余几道的记载都很完整。书写的格式是：每行先用大字横写郡名，同时列州（府）名，再写所属县名。州

（府）名下注明去京都里数、土贡及公廨本钱数。郡名之上及县名右侧还用朱笔标明郡县等第。这种体例与前述《贞元十道录》十分相似，所不同的只是《贞元十道录》中不载公廨本钱数。据研究，此卷的撰写年代大致是在唐玄宗开元天宝年间（714—756），但抄写的年代则可能要晚到归义军统治时期[①]。这份地志的发现对于补订唐代的其他同类文献具有重要意义。如《通典·州郡典》《旧唐书·地理志》《新唐书·地理志》皆不载所领乡数，本卷中却载明了各县所领乡数，是迄今已知记载唐代诸州、县、乡数内容最为详细的一份资料。又如关于唐代州（府）县等第的记载，《元和郡县志》和《新唐书·地理志》虽然也有，但多为唐代后期的等第，而本卷却为开元年间的等第，这就为我们了解盛唐的情况提供了重要资料。再如此卷中对公廨本钱的记载，也是唐代其他全国性地志中所没有的，而这项内容不仅可以补充其他史籍的不足，还为我们研究唐代封建经济的发展乃至研究唐代整个社会面貌，提供了重要资料。

敦煌石室所藏地志中，还有较多的关于西北边地的资料，如《西州图经》（伯2009）、《寿昌县地境》、《沙州地志》（斯788）、《燉煌录》（斯5448）、《沙州都督府图经》（伯2005、2695）等。这批古地志有益于汉唐古地的研究。其中以《沙州都督府图经》（略称为《沙州图经》）最有意义。

[①] 参见马世长：《敦煌县博物馆藏地志残卷》，《敦煌吐鲁番文献研究论集》，中华书局1982年版。又见向达：《西征小记》，《唐代长安与西域文明》，生活·读书·新知三联书店1957年版；薛英群、徐乐尧：《唐写本地志残卷浅考》，《敦煌学辑刊》1981年第二期。

《沙州都督府图经》成书于开元天宝年间，但却为历来公私目录所不著，也未被各种类书、史书、史注等所征引。然而它却保留了非常丰富的有关敦煌历史、地理、自然资源以及中西交通等方面的资料。其中许多内容都是其他史籍中所没有的。如《图经》中所载敦煌地区的河流、水渠、泊泽、池堰中，诸如苦水、独利河、兴胡泊、东泉泽、四十里泽、大井泽、长城堰、马圈口堰等，就都不见于其他记载。宜秋渠、孟授渠、阳开渠、都乡渠、北府渠、三丈渠、阴安渠等七渠之名，也只有都乡渠一渠曾见于高居海的《使于阗记》。《图经》中所载的沙州东、西、北三盐池，也仅仅在《元和郡县志》中记有其中的东盐池。关于沙州驿站的情况，其他有关史籍中也多所缺略，而《图经》中却十分详细，对于每个驿站的地理位置，与州、县和附近驿站的距离，以及增减改设情况都予以详细说明。如关于悬泉驿，《图经》中写道："悬泉驿，在州东一百四十五里，旧是山南空谷驿，唐永淳二年奉敕移山北悬泉谷，改名。其西去其头驿八十里，东去鱼泉驿四十里。"这些材料不仅补充了其他史籍、地志之缺，对于研究丝绸之路以及唐代边防设施、邮驿路线等都十分重要。

　　《沙州图经》对汉唐古城的考证也有重要意义，如汉代的效谷城遗址，据《大清一统志》和《西域图志》讲，是在沙州之西。而《沙州图经》在"效谷城"中却记道："在州东北三十里，是汉效谷县。本是渔泽障。桑钦说汉孝武元封六年，济南崔不意为渔泽都尉，教人力田，以勤效得谷，因立县名也。后（前）秦苻坚建安（元）二十一年，为酒泉人黄花所攻破，遂即废坏，今北面有遗址数十步。"将汉效谷城的来历、遗址的地理位置、废弃的原因、年代，都叙述得有根有据，可纠《大清一统志》和《西域图志》的疏误。

此外，《沙州图经》中引用了《西凉异物志》《西凉录》《后凉录》等书中的不少资料，而这些书宋以后又多亡佚，后人虽有辑补，却未能恢复其原貌。因此，此《图经》对这些古籍也有着直接的校勘或补苴作用。

《寿昌县地境》是藏在敦煌私人手中的一份写卷，也是敦煌石室所出地志中唯一保存完好的卷子。其中记载了寿昌县去州里数、公廨本钱数、户数以及乡数，并叙述了此县的沿革及县中寺院、镇戍、烽燧、栅堡以及山川、城关各方面的情况。卷末并有题记："天福六年乙巳岁六月九日州学博士翟上寿昌张县令地志一本。"此卷和《沙州图经》一样，可补传世地志之缺误。

敦煌石室所出《西州图经》是一份只有56行的残卷。但其中所记载的由西州通往东西南北的十一条道路，却足可补《新唐书·地理志》之不足，也是很宝贵的一种写本。

敦煌遗书中还保存有几种游记。如玄奘的《大唐西域记》（伯3814，斯2659、958等）、慧超的《五天竺国行记》（伯3532）等。

敦煌本《大唐西域记》大约抄写于公元8世纪中叶，距离玄奘写此书仅一百余年。现存1—3卷，是目前所能见到的此书最早的本子。王重民先生曾将此书和传世本相校，发现了一百余处不同，其中有的关系极为重大。[①]如此书卷一的《迦毕试国》一条中，谈到其国王的种族问题时，传世本作"王、刹利种也"，敦煌本却作"王、窣利种也"。"刹利"一般是指印度古代四大种姓之一，如按此说法，迦毕试国应是印度人建立的国家。而"窣利"则是突厥人种，据此说，迦毕试国就是由突厥人建立的国家，而根据有关史书的记载，证实敦煌本所说是正确的。

《五天竺国行记》是新罗僧人慧超所作，据书中所记"开元十五年十一月上旬至西安"的字样来看，成书时间大约在唐玄宗时期，书中记载了慧超周游五天竺的行程及所经国家的宗教、物产、民风等方面的情况。虽不如《大唐西域记》详赡，但可资考证处也很多。

此外，斯383号卷子《西天路竟》也是比较重要的地理类著作。此卷全文只有20行，内中简要记载了从灵州到南印度的主要城市和名迹。整个里程包括了历史上的"灵夏道""玉门道"中段和"阳关道"西段以及南北印度在内，是研究唐宋时中西交通史的重要材料。过去人们总认为，宋代西北地区长期被分割，西域大道多阻，陆路已几于断绝，仅由海上交通。而《西天路竟》的发现，却告诉人们，当时由东京向西行，经过灵州便可通往西域。这就填补了宋代西域交通史上的空白，并为研究西夏的对外交通提供了重要依据。

4. 公私文书

敦煌遗书中除了上述大量的经典、古籍外，还保存了一些

[①] 参见《敦煌古籍叙录》卷二史部。

中古时期的官府文书，以及各种私人契约等。我们把这一类资料统称为公私文书。这些资料虽然零散繁杂，却是直接反映中国中古时期社会政治、经济生活各方面情况的第一手资料。因此，从社会历史研究的角度来讲，这一部分内容是敦煌遗书中极为重要的部分。

官府文书中主要包括中古时期历代的官府档案以及唐代的法制文书。

唐代的法制是由律、令、格、式四个部分组成的。据《大唐六典》所载："凡律以正刑定罪，令以设范立制，格以禁违正邪，式以轨物程事。"也就是说，律是规定罪名与刑罚的，是唐代的基本法律；令是规定各项典章制度的，违令必须受到刑律的制裁；格则是对律的各种具体补充规定，以及百官有司的办事章程。这四者互相联系又互有区别，构成了唐代完整的法律体系。但是目前除了律有传世本外，令、格、式绝大部分都已亡佚，其真实面貌究竟如何，人们并不十分清楚。而敦煌遗书中却保存了一部分唐代的律、令、格、式的残卷，为我们了解唐代法制提供了第一手材料。

敦煌所出唐律及唐律疏义的残卷共有10件。其中价值较高的是伯3608、3252两卷。这两卷原为同一份文书，内容包括唐律的职制、户婚、厩库中的一部分，是敦煌所出唐律写本中篇幅最长、保存律文也最多的一份。据文献记载，唐代前期对唐律曾做过多次修订，故有"武德律""贞观律""垂拱律""载初律""开元律"等区别。经有的学者研究确认①，这份律文为早已亡佚的"垂拱律"。这就使我们得以了解"垂拱律"的原貌。由于"垂拱律"是在"永徽律"的基础上修订的，于是通过此件又可使我们窥见"永徽律"的大体轮廓。把此卷和传世本相校，还可发现二者的一些重要差异。如职制律中，此卷有"应供奉之物阙乏者徒一年"之句，而传世本于此句下面又有"其杂供有阙笞五十"。又如"诸玄象器物、天文、图书、谶书、兵书、七曜历、《太一》、《雷公式》，私家不得有，违者徒二年"，传世本于此句下则有注"私习天文者亦同"一句。此卷中还有许多朱墨涂改的痕迹。涂改前之律文与传世本不同，涂改后则完全相同。如户婚律中，原文为："诸放奴婢为良，已给放书，而还为贱者，徒二年；若压为部曲及放为部曲，而压为贱者，各减一等。放部曲为良，还压为部曲者，又减一等。"经涂改作："诸放部曲为良，已给放书而还为贱者，徒二年。若压为部曲及放奴婢为良而压为贱者，各减一等；即压为部曲及放为部曲而压为贱者，又减一等，各还正之。"显然，涂改后不仅增加了"部曲放为良而压为贱"之内容，还增加了"各还正之"之规定，与传世本相同。由于涂改的笔迹与原来的笔迹不同，而且不使用武周新字，说明是在唐中宗神龙以后修改的。从而又表明，唐律在垂拱之后曾有过重大变动。这就为我们研究唐律的演变、发展过程提供了确切材料。

---

① 参见刘俊文：《敦煌吐鲁番发现唐写本律及律疏残卷研究》，《敦煌吐鲁番文献研究论集》，中华书局1982年版。又见刘俊文：《敦煌吐鲁番唐代法制文书考释》，中华书局1989年版。

此外，北京图书馆所藏"河"17号《名例律疏》残卷也是一份十分值得我们注意的唐律写本。此卷共存14纸143行，为唐代尚书省使用的染黄纸，上勒乌丝栏，墨书大字，字甚精美。卷末还记有撰定时间以及撰定人、刊定官的姓名。据此我们不仅可以知道此卷确为开元二十五年（737）律疏，而且可以推测说，它很可能是尚书省颁往沙州之官文书，即史籍所载"敕于尚书都省写五十本，发使散于天下"者。这就为我们研究唐律的沿革提供了一份可靠的资料。过去很多学者都认为，传世本的律疏就是开元二十五年的律疏，把此卷与传世本相校后，却发现两种律疏不仅书写形式不同，内容也有重要差别，从而证实了以往的看法是错误的。

敦煌遗书中所保存的唐代令、格、式，主要有《永徽东宫诸府职员令残卷》（伯4634，斯1880、3375、11446）、《天宝令式表残卷》（伯2504）、《开元水部式残卷》（伯2507）、《神龙散颁刑部格残卷》（伯3078，斯4673）等。

《永徽东宫诸府职员令残卷》现存13纸215行，分别藏在伦敦和巴黎。内容主要为东宫诸坊、诸率府职员及王公以下府佐、国官、亲事、帐内职员。卷尾有题名曰"令卷第六 东宫诸府职员"，并有撰上年月"永徽二年闰九月十四日"及删定官姓名。卷子骑缝外还各钤有一方"凉州都督府之印"。卷末并有"沙州写律令典赵元简初校，典田怀悟再校"及"凉州法曹参军王义"的字样，说明此卷乃凉州都督府作为正式文书保存之官写本，无疑具有权威性（参见前引刘俊文书）。此卷不仅为了解永徽官制及唐代官制的演变之迹提供了宝贵的第一手资料，而且有许多内容还可以补史之缺或纠史之谬。

《天宝令式表残卷》是一件形式独特、内容丰富的唐代法律文书。它以旁行斜上之表格，选录了国忌、田令、禄令、假宁令、公式令、平阙式、不阙式、装束式、文部式以及官品等令式多条。据刘俊文先生的研究，此卷极可能是官吏个人为便于携带、查找，按官府编制成表格形式而录于厅壁的律令格式要节抄录下来的（见前引刘俊文书）。虽然它不同于正式之官文书，但其所载令式的真实性和权威性与正式官文书所载令式并无差别。此卷为我们提供了唐代格式中的许多内容，并且证实了天宝年间唐政府曾经修订过律令格式，从而补充了史籍之缺。

《开元水部式残卷》也是一份比较重要的唐代法制文书。此卷首尾皆缺，不见书题。后据宋本的《白氏六帖》卷22（水田类）引水部式，有"京兆府高陵界清白二渠交口，置斗门堰，清水恒佳（准）为五分，三分入中白渠，二分入清渠，若雨水边（过）多，即上下用水处相开放，还入清。三月六日已前，八月二十日已后，任开放之"等文，正与此卷所写大致相同，故知此卷为《水部式》。《水部式》的发现，不仅使我们得以目睹唐代"式"的形式，而且可以校正《唐六典》及《唐书》官志中的一些错误，并使我们了解唐代水利的管理制度。同时，《水部式》还为我们提供了唐代海运的一些资料。如其中讲道："沧、瀛、贝、莫、登、莱、海、泗、魏、德等十州，其水手五千四百人。三千四百人海运，二千人平河，宜两年与替。"又讲："安东都里镇防人粮，令莱州召取当州经渡、得勋人谙知风水者，置海师二人，舵师四人，隶蓬莱镇。令候风调海晏，并运镇粮。"这里所记海师、舵师、水手之制,足补诸书之未备。①

顺便提及,在敦煌文书中还有一件被定名为《唐沙州敦煌地区灌溉用水章程》的卷子(伯3560)。据研究,此卷的内容是沙州地方官府在永徽六年(655)至开元十六年(728)之间,以水部式为指导原则,根据本地区的实际情况和传统习惯制定的。② 因此,研究此文书,不仅可以了解唐代农业水利的大体轮廓,还可以了解唐政府的令式是如何具体执行的。

《神龙散颁刑部格残卷》的前半部现藏巴黎国立图书馆(伯3078),后半部则藏于伦敦英国图书馆(斯4673)。其内容大致是补律中所无。如唐律中没有盗官物罪,而刑部格中却规定了盗两京九城诸库、司农诸仓、少府监诸库及军粮、军资治罪之条文,同时还包括许多具体的关于法律手续的规定。此外,敦煌遗书中还有几件可以推断为唐格写本的残卷,如《神龙吏部留司格断片》(现藏德国)、《开元户部格残卷》(斯1344)、《开元职方格断片》(北图"周"51)、《开元后部选格断片》(伯4978)等③。这些写本也都为深入研究唐格提供了宝贵的原始资料。

敦煌遗书中所保存的官府档案主要有两种:一种是各种形式的往来公文,如表、状、牒等;另一种则是各种簿籍。

---

① 参见王永兴:《唐开元水部式校释》,《敦煌吐鲁番文献研究论集》第三辑。又见前引刘俊文书。
② 参见宁欣:《唐代敦煌地区农业水利问题初探——从伯三五六〇号文书看唐代敦煌地区的农业水利》,《敦煌吐鲁番文献研究论集》第三辑。
③ 参见前引刘俊文书。又见刘俊文:《论唐格——敦煌写本唐格残卷研究》,《敦煌吐鲁番学研究论文集》,汉语大词典出版社1990年版。

表、状、牒等公文所包括的内容十分广泛，其中既有关于军事、政治的文件，又有关于经济和一般民事诉讼的文件，为我们了解当时社会中各方面的情况提供了十分重要而可靠的材料。如斯6342《张议潮进表》、伯3827《曹延禄上表》、斯1156《沙州进奏院上本使状》、伯3547《归义军上都进奏院贺正使押衙阴信均状》、斯5139《凉州节院使押衙刘少晏状》、斯4398《曹元忠献硇砂状》等，都是与晚唐五代敦煌地区归义军节度使直接有关的公文。这些卷子不仅反映了当时归义军政权与中原王朝的密切关系，而且有助于我们了解归义军历史中的许多问题。如张议潮收复凉州的时间，为两《唐书》中所不载，司马光的《资治通鉴》则说是在咸通四年（863）。而《张议潮进表》就是一份专门关于收复凉州事宜的文件，其中明确提到"咸通二年收凉州"，这就补充了《新唐书》《旧唐书》之缺，并纠正了《资治通鉴》之误。

又如斯4473号是一份载有多件五代后晋时期文书的卷子，其中有《大晋皇帝祭文》《大晋皇帝致北朝皇帝遗书》《大行皇帝谥〔议〕状》《集贤相公遭母丧七后〔辞〕起复表》六通及批答、《亡妣秦国二太夫人祭文》等。这些文书都出自后晋公卿大臣之手，甚至还有名义是皇帝所写的东西。而且首尾完整，几乎没有缺字。其内容涉及当时一系列重大政治事件，但在现存古籍中又从未发现过。这些文书大可补五代文献之缺少及不足为证的缺憾[1]。

---

[1] 参见许福谦：《斯坦因四四七三号写卷后晋官私文书试释》，《敦煌吐鲁番学研究论文集》。

再如日本所藏的圣历二年（699）三月《敦煌县检校营田人等牒》（大谷2836号）、长安二年（702）十一月《豆卢军牒》（大谷2840号）、长安三年《括逃使牒并敦煌县牒》（大谷2835号），以及同一年的《敦煌县录事董文彻牒》（大谷2836号）等，对于了解武则天时期敦煌地区的营田、驻军、括户、和籴等多方面的情况也都很有价值。

这些保留下来的牒文，其后通常都有主管衙门的负责官员签署的处理意见，这就是"判"。在敦煌遗书中，"判"除了以这种分散的形式存在外，还有一些集中抄写作为存档的"判文集"。如伯2979号《唐开元二十四年（736）九月岐州郿县尉判集》和伯2942号《唐河西节度使判集》。《唐开元二十四年九月岐州郿县尉判集》前后残缺，中间存九条完整的判文。其中有的是关于勾征地税及草料的，有的是关于某人被诬告而上诉的，还有的是关于资助防丁以及对隐匿防丁者的处理意见等，从各种不同角度反映了唐代的社会情况。如其中《许资助防丁第廿八》以及《判问宋智咆悖第廿九》《岐阳郎光隐匿防丁高元牒问第卅》《岐州吕询匿防丁王仵牒问第卅一》等，反映了唐代兵制变化过程中的一些社会矛盾。

《唐河西节度使判集》的年代，据研究为永泰元年（765）至大历元年（766）。虽然此时安史之乱已经结束，但唐王朝的各种矛盾并未缓和，它无力加强对西疆的防卫，吐蕃遂于公元763年攻陷兰、河等陇右诸州，并一度占领长安。公元764年又向西攻陷凉州，河西节度使杨休明被迫迁往沙州。这份判集的内容充分反映了此时河西节度使所辖甘、肃、瓜、沙等州的困难情况：军粮不足、军心不稳，连一些将领都图谋西逃，如其中一份判文的内容是处理朱都护请放家口向西，并勒男及女婿相送一事，河西节度使在判文中写道：

> 人惟邦本，本固邦宁。时属艰难，所在防捍，稍有摇动，谁不流离。朱都护久典军州，饱谙边务，何自封植，挠紊纪纲。进退由衷，是非在我。老亲少女，或在迁居。爱婿令男，无凭弃职。奴婢谅事发遣，奏僚不可东西。殉节伫冀亡家，临难终期奉国，将子无努，义不缘私。

判文中对朱都护这种胆小怕死的动摇者的斥责，充分表达了一位爱国官员在国难当头时，把国家民族利益放在第一位，时刻准备为国为民殉节的高尚情操。

这一类判文无疑可以补充许多史籍之缺略。

此外，敦煌遗书中种种官文书的发现，还为学者们提供了关于唐代公文程式、行判程限等方面的工作情况，如办事手续和效率，执行律令格式的具体情况等。

官府档案中的各种簿籍包括手实、户籍、差科簿、授田簿，以及军政机关中的各种会计簿等。其中所保存的户籍，最早的是西凉建初十二年（416）的（斯113），其次是西魏大统十三年（547）的（斯613），最多的则是唐代的。这些户籍不仅可以反映当时社会的家庭结构，而且还反映了土地制度以及赋税课役制度乃至阶级关系的发展变化。例如，从西凉户籍残卷中，我们可以看到西凉户籍的主要内容只有户口一项。其中包括每户中各个成员的姓名、年龄、与户主的关系；户主的身份，如兵、驿子、散、大府吏等，以及该户中有丁男、次男、女口的数字。这类户籍无疑是为了满足封建国家征丁服役的需要的。然而，从西魏大统十三年的籍帐中所登录的七户情况来看，西魏的户籍已与西凉有很大的不同。其中除了户口一项外，还增加了租调和地亩两项内容。租调主要是注明其户应向国家交纳的租和调的数量，地亩则是注明其户所应受田数字以及实际受田情况和田地所在位置。户口项中也比西凉增加了户等和是否课户这两个内容。西魏户籍的这种变化，是与均田制的实行有密切关系的。此外，西魏的均田制和租调制的主要内容在传世的文献中均无记载，而大统十三年的户籍却为我们提供了这方面的确切材料。根据七户户籍中所记载的应受土地数额可以得知，西魏均田制受田的规定是：丁男麻田10亩，正田20亩；丁妻麻田5亩，正田10亩；丁奴同丁男，丁婢同丁女；牛一头受田20亩。此外，每个男子还可得到园宅田1亩。租调制的内容是：上户丁男丁妻各交布2丈、麻1斤、租2石（其中1.25石交粮，0.75石折成草1.5围）。中户和下户的丁男丁妻应交布和麻的数量与上户同，但应交租额却分别为1.75石和1石，其中也有一定的数量折合成草。丁婢与丁奴应交布1丈、麻8两、租0.45石。牛交布2尺、租0.15石。这些具体内容说明，西魏均田制的基本原则是与北魏相同的，但是受田数字却少于北魏。这对于研究北朝时期的均田制是十分重要的资料。

敦煌遗书中所发现的有明确纪年的唐代户籍和手实，主要有《大足元年沙州敦煌县效谷乡籍》（伯3557、3669）、《开元十年沙州敦煌县悬泉乡籍》（伯3898、3877）、《天宝六载敦煌郡敦煌县效谷乡□□里籍》（斯4583）、《天宝六载敦煌郡敦煌县龙勒乡都乡里籍》（伯2592、3354，罗振玉旧藏，斯3907）、《大历四年沙州敦煌县悬泉乡宜禾里手实》（斯514）等，大致都在公元8世纪左右。从中可以看出，天宝以前的户籍一般是每乡为一卷，在纸的接缝处注有"沙州敦煌县××乡×年籍"的字样。天宝年间改为每里一卷，纸缝处则注上"敦煌郡敦煌县××乡××里天宝×载籍"的字样。有一些卷子还在纸缝处盖上州印或县印，说明此籍帐是由州或县保管的，从而证实了史籍中所记载的唐代户籍一般是抄写三份，一份送尚书省户部，一份送州，一份送县的管理方法。唐代户籍的内容与西魏大致相同，包括户口、租课、田亩三项。这些户籍为研究唐代的均田制、租庸调制以及各种杂徭、色役提供了重要资料。例如，这些户籍可以证实唐令所规定的"受田"之制：丁男和十八岁以上的中男可受永业田20亩，口分田80亩；老男、笃疾、废疾、中男、小男及寡妻妾等也可受一定数量的土地。同时，从这些户籍上所列出的"应授田"和"未授田"等项目又可得知，令中所规定的受田数额实际上是最高限额，绝大多数民户都未达到此数字。再有，从户籍上所登录的各户已授田数额悬殊的情况，以及有的民户的已授田中包括了"买田"的情况来看，还说明当时民户已授田实际上并不是来自官府的平均分配，而是民户的私有土地，等等。[①]

[①] 关于这个问题，曾有许多学者做过研究。本书所述主要是依据邓文宽在《敦煌吐鲁番文书与唐代均田制研究》一文中的概述。邓文原载《中国文化》1990年第二期。

敦煌文献中的唐代户籍还以逃户、伪籍等内容直接反映了唐代尖锐复杂的社会矛盾。如在《开元四年沙州敦煌县慈惠乡籍》的残卷中，共登录有9户24人，但其中注明逃户的就有2户6人，占25%左右。又如在《天宝三年敦煌县龙勒乡都乡里籍》中，共登录了19户167人，其中女性为124人，男性仅43人。一些学者认为[1]，户籍上之所以会出现这种男女比例失调的情况，完全是制造伪籍的结果。因为按照唐制，妇女可以免征杂徭，人们便千方百计地在户口中造伪以逃避官府的征调。

差科簿是唐朝时官府为征发徭役而制造的文簿。目前所见到的差科簿主要有伯3559、2657、3018、2803等卷。据王永兴考证[2]，这几卷的编定时间均为唐天宝十年（751），包括的范围为敦煌县所属的六个乡，其中所登记的主要内容是，各乡中不同户等的小男以上男子的姓名、年龄、类别（小男、中男、白丁、老男、勋官等），以及担负的职务和徭役的名称。从中我们不仅可以了解到这些杂徭、色役与身份等级的关系，从而使我们进一步弄清唐代的徭役制度；同时对于我们研究其他的一些与徭役制度有关的唐代制度，如勋官荫子制、土镇兵等也很有帮助。

敦煌遗书中所保存的军政机关的会计簿籍主要有《沙州会计簿》（伯3841）、《敦煌郡会计簿》（伯3559、3664、

---

[1] 参见〔日〕池田温：《中国古代籍帐研究》，龚泽铣译，中华书局1984年版。
[2] 参见王永兴：《敦煌唐代差科簿考释》，《历史研究》1957年第12期；《唐天宝敦煌差科簿研究——兼论唐代色役制和其他问题》，《敦煌吐鲁番文献研究论集》，中华书局1982年版。

2862）、《豆卢军和籴会计簿》和《军仓收纳籴粟牒》（伯3348）、《敦煌郡郡仓纳谷牒》（伯2803）、《吐蕃统治时期沙州仓曹会计牒》（伯2763），以及公元10世纪时归义军衙门中的酒账（敦煌研究院藏）等。这些卷子的内容涉及地方军政机关的收支情况、和籴制度、粮仓的收纳保管制度、会计制度，以及由地方政府所管辖的一些其他机构的情况，如病坊、草坊、阶亭坊、长行坊等，对于研究当时的各种制度和社会经济情况都十分有用。

敦煌遗书中的私人文书，主要是指各种内容的契约和民间团体"社"的文书等。

据粗略统计，敦煌遗书中的私人契约有一百余件，主要是公元9世纪至10世纪，即唐末五代和宋初的。其中有借贷契约、租佃契约、雇佣契约、买卖契约以及析产契约等。这些契约真实地反映了唐五代至宋初社会中人与人的各种关系，是研究当时社会状况的最可靠资料。

例如，从借贷契约中我们可以看到，不仅借贷的内容各种各样：钱、粮、绢都有，借贷的手段也各有不同。有的是无偿借贷，有的是生息取利，也有的是以物抵押（典贴），还有的是借钱还物，或以劳力偿付。如伯3565号《甲子年氾怀通兄弟贷生绢契》就是一份生息取利的契约。按照契约的规定，借贷人借绢后，不仅要还本绢，而且要偿付巨额的粮食作为利息。这无疑是一种高利盘剥。

又如伯3964号《乙未年赵僧子典儿契》是一份典身契约，根据这种契约，被典人在典身期间必须无偿地由主人自由驱使，其地位与奴婢没有任何区别。更有甚者，如果被典人生病或死亡，便要由其兄承担一切。当然如若典期满后仍无力偿还债务，被典人就将终身沦为奴婢。透过这一类契约，可以使我们更深入地了解当时社会各阶层之间的关系。

敦煌遗书中的租佃契约种类也较复杂。其中的一种是租方为土地所有者，将土地佃给无地少地的农民，由承佃人按照规定交纳一定数量的租税。这种租佃契约中规定的租额一般都很高，显系通常所见的封建租佃关系。此外，还有一种如伯3153号卷子《天复四年贾员子租地契》那样的契约。其中写道，田主令狐法性有口分地捌亩，因急需用钱物，便把地租给贾员子，租价是上好绢一匹、综绁一尺，由贾员子佃种两年，佃主承担这两年中应向政府交纳地税，但其余与土地有关的一切差税仍要由地主承担。显而易见，在这种租佃关系中，地主是受佃主剥削的一方，其实质与土地典当并没有什么两样。

敦煌所发现的雇佣契约，大多数是与农业生产有关的。这类材料对于研究中古时期雇佣劳动的具体情况和性质有着重要价值。

敦煌契约中的买卖文书，包括土地、房屋、家畜、器物及人身买卖等内容。其中最引人注意的是人身买卖的契约，斯3877号卷子中的《丙子年阿吴卖儿契》就是这类契约中的一个典型。它的主要内容是，赤心乡百姓王再盈妻阿吴，因其丈夫早死，家中缺少劳力，负债累累，便将七岁的亲生儿子庆德以三十石粮食的价格卖给了洪闰乡令狐进通。契约上还特别注明，"官有政法，人从此契"，意即不论发生什么样的变化，立契双方都必须按照契约上的规定来执行。

"社"原是我国古代的一种基层社会组织，唐和五代时已经演变成民间自发组织的一种社会团体。敦煌遗书中所保留的社文书约在百件以上，主要有社司转帖、社司牒状、社条、纳赠历等。这些文书可以使我们比较全面地了解当时"社"的组织状况以及各种活动。例如，从中可以得知，当时的"社"多种多样，就其名称来看，有巷社（斯2041）、女人社（斯527）、亲情社（斯3714）、兄弟社（斯4660）、修佛堂社（伯4960）、行像社（伯3234、4003、3530）、马社（伯3899）、官品社（伯2991）等。但从其活动内容来看，主要有三种：一种是民间的互助互济组织，如巷社、亲情社、兄弟社、女人社等；第二种是专门从事佛事活动的组织，如修佛堂社、行像社、燃灯社、造窟社等；第三种则是由执行政府分派的某一类专门差役的人共同组织的带有行业性的社，如渠社、马社等。无论哪一种社都设有社官并立有社规，大多数社还有自己的公共积累。这些都是有关中国社会史的重要资料[①]。

5. 文学语言资料

敦煌遗书中保存了极为丰富的古典文学资料。其中除文人作品和某些专集、选集的残卷外，大都是来自民间的文学作品。主要形式有诗、歌辞、小说和变文、俗赋等讲唱文学作品。

敦煌歌辞，过去常称曲子词。近些年任二北先生等认为，

[①] 参见宁可：《述"社邑"》，《北京师范学院学报》1985年第1期。郝春文：《敦煌私社的"义聚"》，《中国社会经济史研究》1989年第4期；《敦煌的渠人与渠社》，《北京师范学院学报》1990年第1期。

所谓"曲子词"主要是指晚唐五代文人的词作。其含义偏狭，以至初唐、盛唐、中唐的歌辞和一些来自民间的曲调歌辞都不能包含在内，因此不如称之歌辞更为合适。

敦煌歌辞均为手抄的写本歌辞。其时代上起盛唐，下至五代。除了五篇为温庭筠、欧阳炯、李杰等人的作品外，其余主要来自民间。其中比较重要的一个发现是《云谣集杂曲子》（斯1441，伯2838），简称《云谣集》。这个集子编选了三十首作品。从其所用调名，如《浣溪沙》《破阵子》《凤归云》《天仙子》《竹枝子》等以及题材来看，都应是盛唐时期的作品。因此这部词集无疑要早于传世的《花间集》和《尊前集》。它为学者研究词的起源、形式以及内容等问题，提供了许多宝贵资料。

由于敦煌歌辞大多来自民间，作者队伍和作品内容十分庞杂，因此它们所反映的社会生活面十分宽广。其中有不少是直接反映当时社会现实的咏时事词。如一首写于唐朝末年的《菩萨蛮》[①]：

> 自从宇宙充戈戟，狼烟处处熏天黑。早晚竖金鸡，休磨战马蹄。森森三江水，半是儒生泪。老尚逐经才，问龙门何日开？

真实地反映了当时无休无止的战争灾祸，表达了一介儒生祈求和平、用自己的才学为国家效力的愿望。又有一首《酒泉子》则生动地描述了黄巢起义军进入长安的情况：

[①] 以下所引敦煌歌辞，均见任半塘：《敦煌歌辞总编》，上海古籍出版社1987年版。本书不再一一注出卷号。

> 每见惶惶，队队雄军惊御辇，蓦街穿巷犯皇宫，只拟夺九重。长枪短剑如麻乱，争夺失计无投窜。金箱玉印自携将，任他乱芬芳。

这首词的前半部分描写了起义军的英勇雄伟，后半部分则把唐王朝军队的崩溃、王室贵戚惊慌逃窜的狼狈情况写得十分生动。

敦煌歌辞中还有一些直接反映当时社会各阶层生活状况的作品，如《长相思》三首：

> 估客在江西，富贵世间稀。终日红楼上，□□舞著词。频频满酌醉如泥，轻轻更换金卮。尽日贪欢逐乐，此是富不归。
> 旅客在江西，寂寞自家知。尘土满面上，终日被人欺。朝朝立在市门西，风吹泪点双垂。遥望家乡肠断，此是贫不归。
> 作客在江西，得病卧毫厘。还往观消息，看看似别离。村人曳在道旁西，耶娘父母不知。身上缀牌书字，此是死不归。

在这首词中，作者通过估客、旅客、作客三种人的富不归、贫不归和死不归，写出了他们的不同命运，从而表达了对当时社会上贫富不均现象的强烈不满。

敦煌歌辞中还有大量闺情词。有的是向情侣表露真挚爱情的，如《菩萨蛮》一首：

> 枕前发尽千般愿，要休且待青山烂。水面上称锤浮，直到黄河彻底枯。白日参辰现，北斗回南面。休即未能休，且待三

更见日头。

作者用一系列自然界不可能出现的事情来表现矢志不移的爱情,给人以非常新颖、生动的感觉。也有的词描述了离别相思之情,如一首《山花子》:

去年今日长相对,今年春日千山外。落花流水东西路,难期会。西江水竭南山碎,忆你终日心无退。当时只合同携手,悔□□。

这首词中既不言裙裾脂粉,也不涉花柳风情,只是运用了对比的手法,生动地反映出一位女性真挚的情感。

还有的词则是用哀怨的口吻,表达了妻子对当兵出征的丈夫的怀念。如一首题名《闺怨》的《凤归云》写道:

征夫数载,萍寄他邦。去便无消息,累换星霜。月下愁听砧杵彻,塞雁(成)行。孤眠鸾帐里,枉劳魂梦,夜夜飞飏。想君薄行,更不思量,谁为传书与?表妾衷肠。倚牖无言垂血泪,遍祝三光。万般无那处,一炉香尽,又更添香。

不难看出,这首词在思念、哀怨的同时,也揭露了战争与征役给人民群众带来的灾难。

此外,敦煌歌辞中还有一些以歌颂保卫边疆的战士们英勇杀敌和各兄弟民族为实现祖国统一所作的努力等为主题的边塞词,以及反映社会民情民俗的诗和咏物词等。总之,它的题材远远超过了同时代文人词的偏狭范围,提示了生活在社会中下层人物的思想感情和精神状态。

敦煌石室中所出的一些俗曲（民间小唱），如《五更转》《十二时》《十二月》《百岁篇》《十恩德》等，从广义上说，也可属于歌辞的范围。这一类作品通常都是分成若干段，每段唱一个内容。如《五更转》是按照一夜之间的五更顺序来排列，把歌辞分成五段。《十二时》是按地支的子、丑、寅、卯、辰等十二时辰来分段，分别写成十二章歌辞。《十恩德》是把父母养育之恩分成十个阶段来歌唱，是当时流行的劝孝歌辞。《百岁篇》则是把人的一生按百岁计算，以十年为单位来加以歌咏。这一类作品大多数是佛教题材的，但也常常包括一些描绘辛劳操作、持家勤俭、儿女豪情、发愤读书等世俗内容。

敦煌石室中所保留下来的诗歌数量也很多。其中除了包括一些先秦两汉魏晋南北朝时期的诗歌写本，如《诗经》（伯2506、2660等）、《玉台新咏》（伯2503）等外，更多的是隋唐五代时期的作品。这些作品大致可分四类，即敦煌本地诗人之作、释氏佛教徒之作、敦煌民间诗歌，以及敦煌佚存的唐代诗人之作。

敦煌佚存的唐代诗人之作，主要有《唐人选唐诗》（斯555、788，伯2552、2567等）、《诗总集》（伯2748、3195）、《陈子昂集》（伯3590，斯5967、5971等）、《高适诗集》（伯2976、2552、3862等）、《李峤杂咏注》（斯555，伯3738等）、《白香山诗集》（伯5542）、刘邺《甘棠集》（伯4093），以及一些残存的诗篇、诗句等。20世纪60年代初期王重民先生曾就这些遗书订补《全唐诗》，一共补出了诗104首、作者50人，其中有19人是《全唐诗》中所未载的。而且王重民先生当时所做的这项工作、还没有包括王梵志及其作品在内。

在这一类诗歌遗篇中，最著名的要算韦庄的《秦妇吟》（伯2700、3381、3780，斯692、5476、5477等）了。韦庄是唐末著名的诗人和词作者。唐僖宗中和元年（881）他赴长安应举，适逢黄巢起义军攻入长安。他目睹了当时的实况，便假借一妇人之口，将自己的所见所闻用诗歌反映出来。全诗共228句，长达1600余字，是我国古典诗歌中的巨作。诗作者以敏锐的观察力描写了风云突变的社会现实，深刻地反映了在黄巢起义军冲击下的唐代社会真实情况，不仅有鲜明的政治内容，而且有生动的艺术手法。例如，他描写了起义军进入长安时惊天动地的气势：

> 轰轰昆昆乾坤动，万马雷声从地涌。
> 火迸金星上九天，十二宫街烟烘烔。

并把农民战争的胜利和李唐王朝的倾覆，概括为脍炙人口的一句名言：

> 内库烧为锦绣灰，天街踏尽公卿骨。

尽管作者是站在唐王朝的立场上反对农民起义的，诗中有不少对农民起义军的诬蔑之词，但他还是从现实主义的角度出发，对唐军搜刮人民的暴行进行了揭露。因此，《秦妇吟》对研究唐末农民战争具有极高的史料价值。

《秦妇吟》在唐末曾传诵一时。时人称韦庄为"秦妇吟秀才"。但许多达官贵人对于其中"内库烧为锦绣灰，天街踏尽公卿骨"一句不满。后来韦庄自己也讳言这首长诗。以后其弟在为他编《浣花集》时便没有收入这首长诗，以致世上遂无传本。已知敦煌遗书中的《秦妇吟》写本共有九个，其中年代最早的是伯3381号卷子，其题记为"天复五年乙丑岁十二月五日敦煌郡金光明寺学仕张龟写"。天复年号实际只有四年，而且天复四年时已改年号为天祐，因此题记中的乙丑岁实为天祐二年（905）。此年上距黄巢攻入长安的"中和癸卯"（883）只有22年，当属最接近原诗而又真实可靠的写本。陈寅恪先生曾就此本进行了考证，并写有《韦庄秦妇吟校笺》[①]一文，是公认的关于此诗的最优秀研究成果。

在敦煌所保存的唐诗中，另一个引人注意的内容是王梵志的白话诗。关于王梵志的生平事迹，历史上没有详细记载，只在晚唐冯翊子所写的《桂苑丛谈·史遗》中有这样一段材料：

> 王梵志，卫州黎阳人也。黎阳城东十五里，有王德祖者，当隋之时，家有林檎树，生瘿大如斗。经三年，其瘿朽烂。德祖见之，乃撤其皮，遂见一孩儿，抱胎而出，因收养之。至七岁能语。问曰："谁人育我？"及问姓名。德祖具以实告："因林木而生，曰梵天（后改为志）；我家长育，可姓王也。"作诗讽人，甚有义旨，盖菩萨示化也。

这段神话式的传说，为王梵志其人其事笼罩了一层迷雾。

---

① 陈寅恪：《寒柳堂集》，上海古籍出版社1980年版。

有的学者认为，从这段记载中大致可知，王梵志为卫州黎阳（今河南浚县）人，大约生于隋末唐初。他的创作活动主要是在初唐。有的学者则认为，王梵志至今仍是一个尚未完全猜透的谜。署名王梵志的诗作并不是一人之作，也不是一时之作，而是在数百年间由许多无名的白话诗人陆续写就的[①]。

敦煌所出王梵志诗的写本共有25种，300余首。体裁多为五言白话诗。内容相当广泛。其中有不少是与宗教，特别是佛教有关的，但也有不少直接反映社会现实的优秀世俗作品。这些作品深刻地反映了当时社会下层人民的生活状况，而且比文人诗歌的同类作品更真实、更具体。如一首《贫穷田舍汉》[②]：

> 贫穷田舍汉，庵子极孤恓。两共前生种，今世作夫妻。妇即客春捣，夫即客扶犁。黄昏到家里，无米复无柴。男女空饿肚，状似一食斋。里正追庸调，村头共相催。懞头巾子露，衫破肚皮开。体上无裈袴，足下复无鞋。丑妇来恶骂，啾唧掆头灰。里正被脚蹴，村头被拳搓。驱将见明府，打脊趁回来。租调无处出，还须里正倍（赔）。门前见债主，入户见贫妻。舍漏儿啼哭，重重逢苦灾。如此硬穷汉，村村一两枚。

诗中描写了一对为人佣工的夫妇赤贫的生活状况。他们在被租调逼得走投无路的状况下，终于拳搓村头，脚蹴里正，用自己的方式进行了反抗。与这些贫穷田舍汉相对照，王梵志还描绘了《富饶田舍儿》：

[①] 参见项楚：《王梵志诗校注》前言，上海古籍出版社1991年版。
[②] 以下所引王梵志诗，均出自张锡厚：《王梵志诗校辑》，中华书局1983年版。

> 富饶田舍儿，论情实好事。广种如屯田，宅舍青烟起。槽上饲肥马，仍更买奴婢。牛羊共成群，满圈养肫子。窖内多埋谷，寻常愿米贵。里正追役来，坐著南厅里。广设好饮食，多酒劝遣醉。追车即与车，须马即与马。须钱便与钱，和市迹不避。索面驴驮送，续后更有雉。官人应须物，当家皆具备。县官与恩泽，曾司一家事。纵有重差科，有钱不怕你。

这首诗深刻地揭露了当时社会中贫富不均的现象。

王梵志的诗中还有一些直接反映了封建统治者对人民群众的残酷剥削和压榨，以及战争给人民带来的深重苦难。如一首《相将归去来》：

> 相将归去来，阎浮不可停。妇人应重役，男子从征行。带刀拟斗煞，逢阵即相刑。将军马上死，兵灭他军营。血流遍荒野，白骨在边庭。去马犹残迹，空留纸上名。关山千万里，影绝故乡城。生受刀光苦，意里极星星。

这首诗的格调虽然不高，但却大胆地描述了戍守在边疆的士兵们的痛苦生活。这些诗无疑可以使我们深刻地认识当时的社会，了解真实的历史。

总之，王梵志的诗无论在内容上还是风格上，都与同时代的文人诗有着明显的不同。可以说，它是唐代诗坛中的奇花异草。它为探讨我国白话诗的发展，研究我国古典诗歌和白话诗的关系，提供了极为重要的资料。

敦煌遗书中所保存的敦煌当地诗人之作主要是《敦煌唐人

诗集残卷》（伯2555）。该卷是一个内容十分丰富的唐人写卷，卷中残留唐诗人诗作190首，除其中16首与两篇文章外，余皆不载于《全唐诗》《全唐文》。这一部分中又有72首是吐蕃统治敦煌时期陷蕃诗人的作品。其中59首佚名，13首署名马云奇。据柴剑虹考证，这59首佚名诗的作者和署名马云奇的13首诗中的12首，作者可能均系一人，即该卷的抄写者"落蕃人毛押牙"[1]。这些诗记录了一位陷蕃官吏当时的见闻和感受，直接反映了唐蕃关系中的一些重大事件，并描述了当时吐蕃占领地区的情景。虽然艺术价值不高，却是研究吐蕃统治敦煌时期历史的重要资料，可补唐史之缺载。

除了这个卷子外，遗书中还有一些歌颂敦煌景物的诗作，如《敦煌廿咏》（伯2690、3929）等，也都反映了敦煌地区昔日的繁荣景象，是研究敦煌历史的重要资料。

敦煌地区的民间诗歌大多是劝善修道或反映民间风情之作。其中尤其值得提出的是《下女夫词》。目前所知的敦煌遗书中的《下女夫词》共有10个写本（斯3227、3877、5515、5643、5949，伯3350、2976、3893、3909及北图的一本），而且大部分都是完整的。从其内容来看，应是唐代敦煌地区的民间婚礼仪式歌。其中上半部分是戏弄新郎的，形式是以四言、七言诗歌相问答，十分类似民间的盘歌。后半部分基本上是戏弄新娘时所唱，多为一首独立咏唱的五言或七言诗，如："论开撒帐合诗""去行座帐诗""去扇诗""咏同牢盘""去帽

---

[1] 参见柴剑虹《西域文史论稿》一书中有关该卷的几篇考释文章。

感诗""去花诗""脱衣诗""合发诗""疏头诗""系指头诗""去人情诗""咏下帘诗"等，其中有戏谑、有祝福，充分反映了唐代民间婚礼热闹场面。

变文是敦煌石室所出文学资料中最为引人注目的一部分。它是唐代说唱文学的一种主要形式。关于变文之"变"，研究者解释不一，有的学者认为即转变、变化之意，其含义主要是指它是从某一种体裁改变为另一种体裁，如依佛经改变为说唱文，或依史籍改变为说唱文。变文的主要特点是语言通俗、接近口语、有说有唱、韵白结合。

变文的出现最早是在佛寺中，是与寺院中进行的"俗讲"密切相关的。佛教传入我国后，僧人为了宣讲佛法，便开始了讲经说法的活动。但传统的讲经专门讲解佛经文义，道理玄虚而且枯燥无味，不受广大群众欢迎。为了能够招徕听众，僧人便从佛经中摄取一些有故事情节和饶有趣味的东西加以发挥，并采取一种通俗的宣讲方式，这样便出现了"俗讲"这种文学形式。据文献记载，中唐时长安最有名气的俗讲僧文溆和尚进行俗讲时，"其声宛畅，感动里人"（段安节《乐府杂录》），以致听者"填咽寺舍"（赵璘《因话录》），甚至连唐敬宗都要去听他的俗讲。

变文就是当时僧人进行俗讲的底本。后来俗讲这种形式进一步发展，首先是在题材上冲破了宗教的束缚，由说唱佛经故事扩大到说唱民间和历史故事。演唱者也由僧人扩大到民间艺人，表演场地也随之从寺院扩大到变场、讲席、戏场等地。变文的内容和形式也随着俗讲的这种变化而变化。《全唐诗》卷

774中收录的吉师老《看蜀女转昭君变》一诗,描绘的便是一位四川女艺人说讲变文的情况:

> 妖姬未着石榴裙,自道家连锦水渍。檀口解知千载事,清词堪叹九秋文。翠眉颦处蜀边月,画卷开时塞外云。说尽绮罗当自恨,昭君转意向文君。

从诗中可以看出,这位女艺人所讲的内容已不是佛经故事,而是《王昭君变文》。演唱的地点也已不是寺院,很可能是专门的文化娱乐场所。

但是变文这种为广大群众所喜闻乐见的文学形式,却被封建统治者视为伤风败俗,有碍社会风气的东西,因而在宋真宗时被明令禁止,后来便逐渐湮没无闻。直到敦煌遗书发现后,人们才得以睹其真面目。

敦煌变文的内容可以分为佛经故事和非佛经故事两大类。佛经故事的变文又有两种情况。一种是先引述一段经文,然后边讲边唱,敷衍铺陈,如《维摩诘经变文》(斯3872、4571,伯2292、3079等)、《阿弥陀经变文》(伯2955)、《妙法莲华经变文》(伯2305)等。其中《维摩诘经变文》是唐代的一部宏伟巨著,大约有30卷,今天所存的还有15卷以上。其内容完全是演绎《维摩诘经》的,因此讲唱之前总是先引一段经文,然后根据经文渲染。常常是二三十字的经文便被铺陈为三五千字的长篇,想象力十分丰富。另一种是前面不引用经文而直接演唱佛经故事。这种变文常常是依据佛经里的一个故事或一个传说,自由地抒发阐扬,挥洒成篇。其中一些作品往往具有深厚的生活气息和生动的故事情节,人物形象活跃有趣。如《降魔变文》(伯4524、4615,斯4398、5511)、《目连救母变文》(斯6270,北图"霜"89、"成"96、"丽"85)等。《降魔变文》出自《贤愚经》卷第十《须达起精舍品第四十一》,讲的是须达想在舍卫城中为佛立一精舍,正在准备施工时,外道六师听说了此事,便决计阻挡。六师派了弟子劳度叉,佛派了弟子舍利弗,双方决定进行斗法。劳度叉先后变成了宝山、水牛和巨龙,舍利弗则相应变成金刚、狮子和鸟王,最后终于战胜了外道。《降魔变文》中以极为精彩的手法描绘了这一过程,如其中写道:

> 六师闻语,忽然化出宝山,高数万仞,钦岭碧玉,崔嵬白银,顶侵天汉,丛竹芳薪。东西日月,南北参辰。亦有松树参天,藤罗万段。顶上隐士安居,更有诸仙游观,驾鹤乘龙,仙歌缭乱。四者谁不惊嗟,见者咸皆感应。

须臾之间,舍利弗变化出金刚,文中又描写道:

> 其金刚乃头圆像天,天圆只堪为盖;足立万里,大地才足为站。眉郁翠如青山之两崇,口呀呀犹江海之广阔,手执宝杵,杵上火焰冲天。一拟宝山,登时粉碎。山花萎悴飘零,竹木莫知所在。

真是惊心动魄。《目连救母变文》则是根据《佛说盂兰盆经》演绎而成的。它主要讲述了佛弟子目连历尽辛苦要救母出地狱的故事。文中淋漓尽致地描绘了地狱的凄惨、刑罚的残酷、狱卒的冷酷无情，以及佛力的广大无边。对于虔诚的佛教徒来说，无疑会产生一种威慑的作用。

敦煌变文中的非佛经故事，主要是以历史故事、民间传说和社会的现实生活为依据而创作的。代表作有《伍子胥变文》（斯328、6331，伯2794、3213等）、《王昭君变文》（伯2553）、《孟姜女变文》（伯5039）、《舜子至孝变文》（斯4654，伯2721）、《张议潮变文》（伯2962）、《张淮深变文》（伯3451）等。这类作品通过对不同时期各种人物的讴歌和议论，真实地反映了人民群众的爱憎以及被压迫、被剥削者的疾苦，无情地揭露和谴责了封建制度下一些丑恶的社会现象，热情地歌颂了坚贞诚挚的爱情和维护国家统一的爱国主义精神，因此这一类变文都具有强烈的人民性。特别是《张议潮变文》《张淮深变文》不仅歌颂了当时的这两位民族英雄，还弥补了史籍中的缺漏，为研究归义军政权的历史提供了极为重要的资料。

总之，敦煌变文的发现使我国古代民间文学中的这颗宝珠得以重见天日，从而解决了中国文学史上许多悬而未决的问题。

在敦煌遗书的文学资料中，属于讲唱文学的，除变文之外，还有话本小说。

话本即说话人的"底本"。"说话"这种艺术形式在我国早在隋代就已产生，在唐朝时成为一种十分受群众喜爱的文娱活动。话本与变文的主要不同之处是，它不像变文一样，有说有唱、说唱并重，而是以说为主，很少有韵文，或全无韵文；在内容上也已经完全挣脱了佛教经义的束缚，可以自由地描写世俗故事和民间传说。

敦煌遗书中的话本小说主要有《唐太宗入冥记》（斯2630）、《秋胡小说》（斯133）、《韩擒虎话本》（斯2144）、《庐山远公话》（斯2073）等。

《庐山远公话》主要是描述雁门和尚慧远的故事。大意是慧远一心修道，远行庐山，感动得山神为之造寺，潭龙前来听经。但是以白庄为首的一伙强盗却抢劫了山寺，慧远也被劫持为奴。后白庄又将慧远卖给东都崔相公，他在崔相公家甘愿吃苦受辱，还利用一切机会向他们的家人讲《涅槃经》。一次他随主人前往福光寺听道安说法，便与道安争论经义，使道安言词诘屈。这时他才公开了自己的身份，并说明自己是因前世替崔相公的前身作保，欠了白庄的前身五百贯钱没还，所以此世要给白庄作奴还债。于是崔相公奏报晋文帝，将远公迎入宫中供养，最后又回到庐山，并如愿升入兜率天宫。这个故事的内容虽无甚可取之处，但情节曲折动人，语言通俗流畅，并且是敦煌遗书中现存最完整的一个话本。

《唐太宗入冥记》残缺较多，主要叙述了唐太宗魂游地府、生魂被勘的故事。其中讲道，唐太宗魂入冥界，被送到判官崔子玉处推勘。崔子玉在阳世又为辅阳县尉，所以认为勘问皇帝是一件祸事，若皇帝还能回到阳间，自己全家五百余口就会变为鱼肉，因而"未免忧惶"。而唐太宗为了增加寿命，也有求于崔判官。崔判官便采用恫吓的手段，揭露了唐太宗"杀兄弟于前殿，囚慈父于后宫"的老底，并趁机谋求高官厚禄。唐太宗为了活命，只好答应封崔子玉为蒲州刺史兼河北二十四州采访使，官至御史大夫、赐紫金鱼袋，仍赐蒲阳县库钱二万贯。于是崔判官便为他勾改案卷，延长十年寿命，放他还魂。这个话本不仅借阴曹地府的这一交易鞭挞了统治阶级中的黑暗现象，还触及了玄武门事变这一唐代政治中十分敏感的问题，其态度与正史中为唐太宗隐恶扬善的做法截然不同。

这些话本小说，就其技巧来讲还不够成熟，但在人物情节、创作方法上都有一定的艺术特色。它们在语言上摆脱了骈俪繁缛的文风，创造出一种文白兼用、通俗易懂的文学语言，从而为后代白话体小说的发展开拓了道路。从这个意义来看，敦煌遗书中话本小说的发现，对中国文学史的研究也有重要意义。而且，由于话本小说中大量运用了民间口语，保存了不少方言俗语，所以对于研究唐代语言也很有价值。

俗赋与词文也是唐代讲唱文学的重要组成部分。

俗赋是我国古代辞赋通俗化的产物。它直接受前代故事赋和杂赋那种铺采摛文、状物叙事的特点的影响，但又突破了赋体的骈俪杂陈、繁文缛节的约束。语言通俗，文字浅显，内容连贯完整，故事情节性极强，而且自由押韵，兼有说唱特点。敦煌遗书中的唐代俗赋主要有《韩朋赋》（伯2653）、《燕子赋》（伯2653、2491、3666、3757，斯214、6267等）、《晏子赋》（伯2564、3460、3716、3821、2647等）。

《韩朋赋》取材于《搜神记》，但比《搜神记》中的描述更为深刻动人。故事的主要情节是，"少小孤单"的韩朋意欲远仕，虑母独居，遂娶贞夫为妻。婚后夫妻恩爱，相誓永不变心。后韩朋出游，仕于宋国，六年不归。贞夫寄书，韩朋读后"意感心悲，不食三日"。宋王拾到韩朋偶然遗落的书信，欲夺朋妻。于是梁伯为之设计，诈取贞夫进京。贞夫被骗入宫后，整日"憔悴不乐，病卧不起"。宋王千方百计地利诱也无济于事。后来贞夫和韩朋相见于青陵台。她看到被宋王打落板齿、穿着破衣裳、"锉草饲马"的韩朋后，十分怜惜，丝毫没有改变对韩朋的感情。只是当韩朋误解她"去贱就贵"时，她才"低头却行，泪下如雨"，以血书约朋共死。韩朋接到血书后便即自杀，贞夫也乘人不备投身墓圹。二人化为青白二石，宋王命人把两石各弃道之东西。于是道之东西各生一树，"枝枝相当，叶叶相笼"。宋王又令人伐之，两树却变成一对鸳鸯鼓翅飞走，只落下一根羽毛。当宋王用这根羽毛在身上摩拂时，羽毛便大放光彩。于是他又用羽毛摩拂颈项，结果其头落地。这个故事情节感人，描写细腻生动，反映了人民群众对善良与残暴的爱憎分明的立场和感情。

敦煌写本中的《燕子赋》共有九卷，分为两种。一种为四六句式，另一种为五言句式。但其主题却基本相同，主要是讲黄雀强占了燕子的巢，并把燕子打伤，燕子便告到凤凰那里。凤凰对黄雀判了刑，最后两家又言归于好。作者实际上是借燕雀之间的这段公案，用拟人化的方式，以幽默诙谐、嬉笑怒骂的艺术手法，来揭露讽刺人类社会中欺侮弱小、徇私枉法的种种现象的，真实而曲折地反映出当时官场的黑暗，表达了人民群众的不满情绪，也显示了唐代民间俗赋所达到的较高的艺术水平。

顺便提及，除俗赋外，敦煌遗书中也保存有若干篇文人赋。

其中有一些是有作者姓氏的，如王绩的《游北山赋》《元正赋》《三月三日赋》（以上均见伯2819），刘希夷的《死马赋》（伯3619），刘霞的《驾行温汤赋》（伯2976）。也有一些是佚名作品，如《月赋》（伯2555）、《秦将赋》（伯2488）等。这些赋大多为唐人总集、文集所未载，因此可补《全唐文》之不足。

词文是供词人（艺人）用吟唱的形式来演述故事的底本。敦煌写卷中的词文，目前所见到的，而且是确切不误的，只有《季布骂阵词文》（伯3697、2737，斯5440、2056等）一篇。这篇词文实际上是一篇宏伟的七言叙事诗，写的是楚汉相争时季布替项羽在阵前骂阵、骂得刘邦"羞看左右耻君臣"，只得"拨马挥鞭而便走，阵似山崩遍野尘"。刘邦统一天下后，始终对季布耿耿于怀，悬赏捉拿季布。作品细致地描写了季布狼狈逃匿，以及机智勇敢地躲过层层搜捕，最终用计谋获得赦免的经过。整个故事结构严谨，情节紧张，十分引人入胜。

敦煌发现的文学资料中，还包括一些其他文体的作品，如讲经文、押座文、佛赞、偈颂等。讲经文是讲述佛经时用的底本，主要是演绎佛教经文而不是说故事，因此缺乏文学趣味。它和变文应是两个不同的概念。押座文是在讲经以前说唱的，都是七言韵文。内容或是一段佛经故事，或是隐括某段佛教经义，或是劝人行孝行善，然后以"唱将来"的款式结束，转入正式讲经。佛赞、偈颂等大多是以四言、七言韵文为主的一些短诗、短文，穿插在一些经文中间，作用是隐示佛教义旨，预言未来因果。

敦煌遗书中的语言学资料，主要是音义和韵书。音义类写本除了我们在前面已介绍过的一些儒家经典的音义，如《尚书》的王肃注音义，以及《周易音义》《礼记音义》《毛诗音》等，还有不少其他方面的音义，如《楚辞音》（伯2494）、《文选音》（伯2833）、《一切经音义》（斯3469、3095、3774等）。这些写本在语言、语音学方面都有一定的价值，特别是《毛诗音》和《楚辞音》。《毛诗音》前文已有介绍，不再赘述。敦煌本的《楚辞音》作者是隋释道骞，是研究楚辞学的重要典籍。此书在宋时已经佚失。朱熹在《楚辞集注序》中曾说："又有僧道骞者，能为楚音之读，今亦得而不复。"敦煌石室中发现的此书，所存音训280多条，对于学术研究意义甚大。所以我国著名学者闻一多得知敦煌发现此书后，喜之若狂，并视为旷古未有之奇。

敦煌遗书中的韵书残卷，比较重要的是陆法言的《切韵》（斯2055、2071、2683、6156，伯2016、2018、3693—3695等）。我国韵书的最早编定是在南朝的齐梁之间。到了隋代，陆法言以诸家韵书各有乖误，便与颜之推等八人同撰《切韵》五卷。唐代长孙讷言为之作注，以后又陆续有人增补，至天宝年间又由孙愐重新刊定为《唐韵》。宋代的陈彭年、邱雍等又重新修订，名为《广韵》。以后《切韵》原书反而亡佚。而敦煌遗书中的《切韵》不仅有陆法言的原本，还有隋末唐初人的增字加注本，有长孙讷言的修订本，有王仁煦的刊谬补缺本，等等。这不仅可以使我们目睹《切韵》原貌，而且可以了解陆法言以后的汉语音韵，以及韵书的发展变化情况。

6. 文化教育资料

敦煌遗书中的这一类资料，主要有各种童蒙课本、书仪及字书等。此外，书法、音乐、舞蹈等方面的资料也可归入这一类。

敦煌的童蒙读物多为唐五代民间流行的一些识字课本。按其性质大致又可分为三类[①]：一类是单纯供识字用的，如《字书》（斯840、5999、6253，伯2659、2758等）、《新集时用要字一千三百言》（斯610）、《俗务要名林》（斯617）、《诸难杂字一本》（伯3109）、《难字字书》（伯2948，斯5690）、《字宝碎金》（斯6189、6204，伯2717、3906）等。这一类识字课本的特点是文字互不连贯，有的是按声韵编排，有的是以字义编排，也有的是用反切或汉字注音，而更多的则是既不分韵，也不分类，又不加注。这几种编排方法很可能是为了适用于不同水平的人。例如《字宝碎金》便是按音韵编排的。该书先依四声分类，每类中再摘录若干俗语、通用语或经文中的语句，然后再将其中的一两个较难读的字用反切注出音。《俗务要名林》则是按字义分类编排的另一类字书，该书是把一些常见事物按性质分成若干大部类，如市部、果部、菜蔬部、酒部、饮食部、聚会部、杂畜部、兽部、鸟部、虫部、鱼鳖部、木部、竹部、草部、舟部、车部等。然后每部中再各列若干字词，如车部中有辕、辋、辐、毂、釭、轴、䩞等，每一字下又用反切或同音字注出读音，有的还加以解释。如䩞字，注为"轴上铁，古要反"；釭字，注为"毂中铁也，音工"；等等。

[①] 参见汪泛舟：《敦煌的童蒙读物》，《文史知识》1988年第8期。

第二类字书是指一些语句连贯、押韵，并表明一定意义的识字课本，如《千字文》（斯3287、3835，伯2059、2457等）、《开蒙要训》（斯705、1308，伯2487、2587等）、《李氏蒙求》（伯2710、5522）、《兔园册府》（伯2573，斯1722等）等等。《千字文》在敦煌遗书中共有30余卷，大都字迹平庸低劣，有的还有不少错、俗、别字，很可能是当时初学者的笔迹。《开蒙要训》和《李氏蒙求》原来也是唐宋时期十分流行的通俗课本，但二书宋以后都已亡佚，直到敦煌遗书发现后，人们才又得见其真面目。敦煌本的《开蒙要训》也有20余卷。该书1400字，分为天地、岁时、君臣、伦理、婚姻、饮食、纺绩、人体、疾病、珍宝、农事、工商、烹饪、园艺、昆虫、鱼蛇、家禽、鸟兽、狱讼等类别，包括了十分丰富的社会生活知识。敦煌本的《李氏蒙求》至少也有两卷，它的特点是按韵排列，依韵缀文，每韵八句。而且每句中都介绍了一位历史人物。如其中押"东"韵的八句是：

王戎简要，裴楷清通。孔明卧龙，吕望非熊。杨震关西，丁宽易东。谢安高洁，王道（导）公忠。

简直是一部语言洗练、押韵，内容生动丰富的历史人物故事书，使习读者极易背诵。

以上这两类童蒙读物的发现，不仅可以帮助我们了解唐代的启蒙教育情况，还为考订唐音，研究西北地区方言及社会生活等情况，提供了重要资料。

第三类是姓氏识字课本，如《姓望书》（斯5861）、《郡望姓氏书》（伯3191）、《姓氏书》（伯2995）、《姓氏录》（北图"位"79）等。这些明显不同于宋以后在中原地区流传的《百家姓》。如《姓氏书》中姓氏的排列顺序是：张、王、李、赵、阴、萨、唐、郎、令狐、杜、韦、安、康、石、平、罗、白、米……牛、杨、宋……索、麹、齐、左、戴、孔……裴、陈、龙、羽……其中的张、李、阴、令狐、索均为当时敦煌地区的大姓，安、康、石、米等则是中亚地区昭武诸国的姓氏。显然，这一类姓氏课本都是由敦煌地区的人编写的。该卷的后面还有这样几句诗：

沙弥天生道理多，人名不得解人何！从头至尾没用姓，急若索字不得者。沙弥沙弥头拙疏。

从其内容来看，此书当是供寺院中的小和尚学习的。

除去上述一般的识字课本外，敦煌的童蒙读物中还有一些是对学生进行修身处世等道德伦理教育的课本，如《百行章》（伯3176、3306、3053，斯1815、1920等）、《太公家教》（斯476、1163、1291，伯2553、2564等）、《新集文词九经抄》（斯5754，伯2557、2598等）。

《百行章》的作者是唐初名儒、高宗时曾任宰相的杜正伦。此书早已亡佚，敦煌遗书发现后，人们才得以睹其原貌。据杜正伦亲自为该书所写的序，此书是以忠孝节义为基本思想，把儒家经典中的"要真之言"摘录重编而成的，目的是"教人为善，莫听长恶，劝念修身，勿行非法"。书中所引警句多出自人们所熟悉的史传及《说苑》等书。它的特点是通俗易懂、说理性强。把抽象的伦理观念具体化，贯穿到君臣、父子、夫妇、兄弟、朋友、邻里的日常生活之中。同时也吸收了不少佛教的内容。从敦煌写本《百行章》的一些题记来看，此书直到唐末五代，还是敦煌地区广泛流传使用的课本之一。

《太公家教》与《百行章》的性质基本相同，但其成书年代却要晚百余年。从其序言来看，当是中唐时期某位以教书为业的乡村儒生，"辄对坟典，简择诗书，依经傍史，约礼时宜"写成，以"助幼童儿，用传于后"，最后达到"礼乐兴行，信义成著，仁道立焉"的目的。因此书中的内容主要也是摘自《礼记》《孝经》《论语》等书，突出体现了儒家所提倡的伦理道德观念，如"事君尽忠，事父尽敬"，"见人善事、必须赞之，见人恶事、必须掩之"，"立身之本、义让为先"，"敬上爱下、泛爱尊贤"，"己所不欲，勿施于人"，等等。同时也有不少鼓励儿童勤奋学习的语句，如"人生不学、言不成章"，"小而学者如日出之光；长而学者如日中之光；老而学者如日暮之光"，"勤是无价之宝，学是明月神珠"，等等。在目前所见到的36个《太公家教》的敦煌写本中，有7个写本的后面有学士或学仕郎的诵读题记，可见此书当时在敦煌十分流行。

这一类的敦煌写本对于我们了解研究唐代的教育情况，及唐人的伦理道德观念，都是很有用的材料。

此外，敦煌遗书中所保存的字书，还有《尔雅》（伯3719、2661、3775）的残卷，以及《字样》、《正名要录》（斯388）等。《字样》和《正名要录》同抄在一个卷子上，前半部为《字样》，后半部是《正名要录》，二者体例大致相同。主要特点是在每一字的下面都注出它的异体字，然后标明哪一个是楷书正体，哪一个是俗字或错字。据《正名要录》首行的题名可知，此书是"霍王友兼徐州司马郎知本撰"。霍王是唐高祖李渊的十四子李轨，原封蜀王，贞观十六年改封霍王，曾担任过徐州刺史、定州刺史。郎知本不见于新旧《唐书》，但在《旧唐书》卷187、《新唐书》卷199中有郎余令传。传中说郎余令是青州人，曾任霍王府参军，其从父知年为霍王友。由此看来，郎知年很可能就是郎知本，史书中将"本"讹写作了"年"。如果这个分析不误的话，《正名要录》的创作时间应为唐太宗贞观年间。据文献记载，在此前后同一性质的字书还有颜师古的《颜氏字样》、杜延业的《群书新定字样》，以及稍后一些的颜元孙的《干禄字书》。这一类以正字为目的的字书的出现，说明唐初为了纠正汉字在从隶书过渡到楷书的过程中所出现的一些混乱、讹误，很可能大力开展过一个正字运动。敦煌遗书中这一类字书的发现，对于我们研究中国文字发展史以及整理和研究敦煌遗书有很大的实用价值。

书仪，就是书信的程式和范本，供人模仿和套用的。唐人对于书函往来极为重视，因此就出现了一批专供人们撰写书札时参考的书仪。但五代以前传世的书仪已十分稀少，除台湾故宫博物院所藏的一份已不完整的唐人真草两体《月仪帖》外，没有一部完整的书仪流传下来。然而敦煌遗书中的书仪，却有超过一百个本子。

据周一良先生和赵和平的研究[①],敦煌书仪大体可分三种:第一种为朋友书仪;第二种为吉凶书仪;第三种则是表、状、笺、启类书仪。

朋友书仪是友人之间往来书信的范本,敦煌写本中大约有10余卷(伯3375、2505,斯6180等)。这种书仪一般都是以十二个月为纲来安排的,因此又称"十二月相辩文"。其格式一般是前部罗列节候套语,如"正月孟春"下注"亦云启春、首春、初春、早春、春首、献春、时寒、余寒、尚寒"。依次将十二个月罗列完毕后,例按月编排书札,每月都有往复各一通。其中心思想都是叙离别之情,而且多用骈文写成,文字十分优美。如斯6180号《书仪》中的二月份的往返书札:

> 分颜两地,独凄怆于边城;二处悬心,每咨嗟于外邑。月流光于蓬径,万里相思;星散彩于蒿蓬,千山起恨。且兰山四月,由结冷而霜飞;灵武三春,地乏桃花之色。蒲关柳媚,鱼跃莲辉;蜂歌绕翠叶之欢,蝶舞戏红芳之乐;愁人对此,倍更相思;远念朋友,何时可忘。想上官登春台而执卷,望月夜而题篇。含璋每倚于陈思,怀藻岂殊于颜子。追朋就酌,岂忆愁人。择侣言谈,谁思远客。某乙离家弃梓,远役边州,别于枌榆,远赴碛石;荒庭独叹,收泪思朋,草室孤嗟,行啼忆友。今因去次,略附寸心,书若至宾,愿知委曲。
> 答书:岁暮将终,青阳应节,和风动纳,丽景光晖。加以翠柳舒鳞,低桃结绿,想俊傲游而缘地(此处疑有脱字);从

---

① 参见周一良:《敦煌写本书仪考(之一)》《敦煌写本书仪考(之二)》,《敦煌吐鲁番文献研究论集》第一辑、第四辑。又见赵和平:《唐代的书仪》,《文史知识》1988年第8期;《敦煌写本书仪略论》,《敦煌吐鲁番学研究论文集》。

赏嘉宾。酌柱醑以申心，玩琴书而写志。每念披叙，聚会无因，谨遣数行，希垂一字。

这一往一复的两封信，生动地描写出了远在边塞的游子思念家乡、思念亲友的凄凉心情，表达出浓厚的生活及时代气息。

吉凶书仪是指一般来往和婚礼庆贺、丧礼吊唁的书信范本，为唐代书仪的主要形式。仅见于文献记载的就有多种，如武德初裴矩与虞世南合撰的《吉凶书仪》（又作《大唐书仪》）、开元天宝年间杜有晋撰写的《书仪》，以及此后的郑余庆《书仪》、裴茝《书仪》、裴度《书仪》。到五代时还有刘岳的《吉凶书仪》等。但传世本却几乎没有。而敦煌遗书中却保存了大约15种，约四五十个写本。如杜有晋撰《吉凶书仪》（伯3442、3501）和《书仪镜》（斯20、78、361等）、张敖撰《新集吉凶书仪》（伯3284、2556、2646、3246等）和《新集诸家九族尊卑书仪》（伯3502）、郑余庆领衔撰集的《大唐新定吉凶书仪一部并序》（斯6537、1725、5709）、五代时的《新集书仪》（伯3691、3425、3581，斯681、766等）等。其中除郑余庆和杜有晋的两种之外，多数都不见于旧史著录。数目较多的则是河西节度使掌书记、儒林郎、试太常寺协律郎张敖编的《新集吉凶书仪》。

这一类书仪可以说是唐代士大夫阶层的生活百科指南。这一点从郑余庆所撰《大唐新定吉凶书仪》的序言可以看出。据该序言的介绍，这部吉凶书仪共30篇：第一篇是"年叙凡例"，讲的是不同季节、月份以及旬的节候用语；第二篇是"节候赏物"，记重大节日里君主和家长应赏赐臣下和晚辈的礼物名称；第三篇是"公移平阙"，即讲公文中的"平阙式"，又特别讲了史书不见的"家私书疏准式平阙"的规定；第四篇是"祠部新式"，即讲节假日、放假天数及活动内容；第五篇至十四篇为表、启和各种吉书及婚礼仪注；第十五篇至三十篇则为各种凶书及凶礼仪注。又如张敖的《新集吉凶书仪》中关于婚礼的部分，详细介绍了唐代敦煌地区的婚事礼仪，如拜别父母、向女家戏谑，以及迎亲过程中的各种仪式（下马、催妆、进门、看堂基、逢锁、索绳等）和婚礼程序（铺帐、进喜房、撒帐、遮扇、坐马鞍、奠雁、去扇、同牢、合卺等）。既生动又有趣，实为研究唐代民俗的重要材料。

在这一类书仪中，值得特别注意的还有曹氏归义军时期佚名的《新集书仪》。这份书仪开始一部分与张敖的《新集吉凶书仪》相同，只是省去了张敖的序，个别范文的字句也只是略有出入。但后一部分却有较大改动，如增加了二十通与"平怀"往还书札，其内容也十分丰富，如"酒后收过书"及"答书"、"索债书"及"答书"、"问遭官事书"及"答书"、"慰停职书"及"答书"、"贺加官职书"及"答书"、"洗软[①]相屈书"及"答书"、"暖房相出书"及"答书"等，反映了五代时期敦煌地区的各种社会风俗。

第三类书仪多数是供公文往来而用的枯燥的套话，既不是按月编排，又不分吉凶两大类。有的附答书，有的则不附。而

[①] 洗软，即接风洗尘的酒宴。

且名目也不同,如《记室备要》(伯3723)、《新集杂别纸》(伯4092)等。这一类书仪多为五代或宋初的,具体内容如贺雨、贺雪、贺破贼、谢授职、谢赐马、谢驼、谢宅、通天使辞语等。其中有的直接涉及一些重大的历史事件和政治经济等活动。如前述《新集杂别纸》,据初步考察,是后唐长兴年间由一个相州的马姓判官撰集的。其中记载了镇州、魏州、相州、齐州等节镇之间往来的情况,还叙述了灭前蜀王氏以后,转运蜀地财富,以及荆南高从诲归顺等重大事件。在与"平怀"或"四海"往还书中,则记述有五代梁唐时社会混乱、托人照顾失散的子女以及陷在邻道的庄宅等内容,都是不可多得的历史文献。又如一份吐蕃占领敦煌时期的书仪,其中曾反映了瓜沙地区陷蕃后的情况,及当时瓜沙驿户起义的情况。

除上述三种类型的书仪外,敦煌遗书中还有一些"释子文范"(斯1170、1173,伯2631、2642等)、"放良文"(斯4374、5700、5706)、"放妻书"(斯6537)等。从广义上说,也可算作书仪。这些范文也直接反映了当时各种各样的社会问题。

敦煌遗书中还保存了一些类书,如北齐颜之推、祖珽、魏收等30余人编撰的《修文殿御览》(伯2526)残卷,初唐时于立政编纂的《类林》(伯3956、2635、2678,斯6011等)、李若立编撰的《籯金》(伯2537、3650、2966、3363),以及几种尚未考订出书名的残卷,均为早已亡佚之书,对于古籍整理都有一定的价值。

敦煌遗书中的书法资料也十分丰富。本章开始时我们就已介绍过，这些遗书始于十六国、扩于北朝、盛于隋唐、终于五代宋初，历时近七个世纪。而这七个世纪正是汉字从隶书向楷书过渡的关键时期。敦煌的写本清晰地反映了这一变化。有的研究者曾从书法的角度对敦煌遗书进行了分期[①]。他指出，敦煌写本的书体，大致可分为魏晋南北朝、隋唐、吐蕃到宋三个阶段。魏晋南北朝时期写本的书体，均为以隶书为母体的不甚成熟的楷书模式。其中又可细分为两种。一是隶楷行，方笔体势是其主要特征，字形尚遗隶书写法，但已摆脱了隶书拘谨的分张之态。另一种是魏楷形，是隶楷的一种进化，圆笔笔意是其特征，与中原地区的魏碑体极为相似。隋唐时期是楷书的定型期，这时期的敦煌写卷中也出现了许多书法精品。吐蕃至宋，各种书体都已成熟定型。汉字的写法已形成以楷书为中心，以行、草为辅的标准形式，行书特别发展，同时也有一些十分纯正的草书写卷。

敦煌卷子中还保存了我国古代一些著名书法家的书法精品。如王羲之十七帖临本3帖，其间架、章法及笔势动态，都保持了人们印象中之王羲之的笔法和情趣。又如欧阳询的《化度寺邕禅师塔铭》（伯4510）、柳公权书《金刚经》（伯4503）、唐太宗书《温泉赋》（伯4508）三件拓本，也都是研究唐代书法的重要资料。

敦煌遗书中还保存了一些音乐、舞蹈资料，如琴谱、乐谱、曲谱、舞谱等。对这些卷子的研究不仅可以恢复唐代音乐与舞

[①] 参见郑汝中：《敦煌书法管窥》，《敦煌研究》1991年第4期。

蹈的真实面目，推动中国音乐史、舞蹈史的研究，还可以为我们今天的文艺事业提供许多借鉴，使传统的民族文化得到进一步发展。

7. 科技资料

敦煌遗书中的科技资料主要有医药、天文历法、算学、雕版印刷、建筑等方面的内容。数量虽然不是很多，内容却繁富专深，对于我国古代科学技术史的研究具有很高的价值。

其中医学类的写本，据目前所知，在60卷以上。如果再加上佛经等卷中的医药内容，则有近百卷。大致可分为医经、针灸、本草、医方四类。[①]

医经中主要有《内经》《伤寒论》《脉经》的片段及《玄感脉经》（伯3477）、《明堂五脏论》（伯3655）、《五脏论》（斯5614）和《平脉略例》（伯2115）等。其中不少是初唐写本。特别值得注意的是《五脏论》。此卷原题为张仲景撰，但文中却提到一些晋代和南北朝的医学家，以及印度名医耆婆，并记载了一些唐代医书中才开始收载的药物。因此一些医史专家认为，此卷很可能是由唐人撰写而假托张仲景之名的一部医经著作。其文字又与《医方类聚》卷4《五脏论》大致相同。

以上这些医经的发现，为传世本医书的校勘提供了较为古老的版本。同时，由于这些医经中还保存了一些久已失传的诊法、方药，提供了一些不为人们所知的内容，所以对医史的研究也有重要的意义。

[①] 参见赵健雄、苏彦玲：《敦煌遗书医学卷考析》，《敦煌研究》1991年第4期。

此外，敦煌医经中还有一部分是保存到今日的传世本中所不见的，如《玄感脉经》（伯3477）、《明堂五脏论》（伯3655）等，这些著作对医史的研究起了填补空白的作用。

《新集备急灸经》（伯2675）和《灸疗图》（斯5727、6168、6262）也是敦煌医书中比较重要的两份卷子。从《新集备急灸经》的题记和序中可知，此卷是咸通二年（861）据长安东市的印本抄写的，其内容主要是当时流行的诸家灸经，以供偏远州县救急治病用的。该卷的正文部分绘正面人形穴位图的上半身。用引线标注穴名、部位、主治及灸法。共存17个穴位，下半身图形缺损。后半部分记载针灸人神禁忌。《灸疗图》为一部绘有人体穴位的图谱，目前尚能辨认的18图，均为墨线的人体正面或背面图。每图前都记有主治病症、所用穴名及灸法壮数。图内并占记穴位，图旁则用引线标记穴名和部位。据专家研究，此图的内容与现存的其他针灸古籍有不少相异之处，而且保存了很多不见于现存的历代针灸书中的穴名。因此很可能是我国目前所见到的最古老的一部针灸图谱。

遗书中的本草残卷主要有南朝梁人陶弘景所撰《本草集注》（日本龙谷大学藏530号），唐人李、苏敬所撰《新修本草》（伯3714、3822、斯4534），唐人孟诜撰、张鼎增补的《食疗本草》（斯76）。陶弘景的《本草集注》为梁以前本草之总集，素有"本草正典"之称。但唐初李、苏敬的《新修本草》修成后，《本草集注》便不再流行。敦煌遗书中的《本草集注》仅存原书的第一卷，前佚数行，后均完好，内容包括陶弘景的序文和诸病主药。研究者曾把它和宋代的《经史证类本草》做了校比，发现《证类本草》中有120余方是引自《本草集注》的，另有50余方做了改动。从这些改动中可以考见中古时代医疗用药的变化和当时对药物性能的认识。同时，从《本草集注》的残卷还可看出，当时一些药物的分类、采治之法直到今日还在使用。

《食疗本草》撰于武周时期，北宋嘉祐年间（1056—1063）尚见原书。后来亡佚，仅在《证类本草》中保存了一些。敦煌所出的《食疗本草》残卷虽然只保存了26味药，但在每一味药的后面都详细列出了其药效、主治、毒性、禁忌、配伍及制、服方法等。其记载比《证类本草》还要详细。从中不仅可以看出此书在药物学上的分类、性质、方剂配伍、适应证及食忌等方面都较科学，而且可以看到古代食疗之原委，在医学史上具有重要价值。书中还明确记载了一些药物是来自外国，又为了解唐代与外国药物之交流提供了资料。

唐李勣和苏敬所主编的《新修本草》，是我国、也是世界上第一部由国家正式颁布的药典。但在国内早已亡佚，仅在日本保留有其中的一部分。敦煌本《新修本草》的残卷为其中的卷10、卷17和卷19的两个残段。

这些古《本草》的发现，为研究中古时代的药物学提供了重要资料。

此外，敦煌医书中还有30余卷古医方，共录药方近千篇。其中有的题有书名，有的则是唐人选录的著名医家的医方。这些医方中有一些是后代所不见的，不仅对医史的研究十分重要，在今日的临床医学中也有一定的参考价值。

敦煌遗书中的天文历法写卷共有四十余件，主要是历日和星图[①]。其中历日有三十余件，包括来自中原的历日和敦煌自编的历日两种。来自中原的历日共有三件。一件是北魏太平真君十一年（450）和十二年（451）历，虽然内容十分简单，却是现存敦煌历日中年代最早的一件，也是现知唯一的北魏历日实物。更为重要的是，太平真君十二年历日中保存着我国现知最早的两次精确月食预报，为汉简历谱和敦煌历日所仅见[②]。其他两件分别是唐中和二年（882）的《剑南西川成都府樊赏家历日》（翟理斯编目8100号）和《唐乾符四年（877）丁酉岁印本历日》（翟理斯编目8099号），后一件又是现存敦煌历日中内容最丰富的一件。敦煌地方自编的历日全部是唐德宗贞元年间吐蕃攻占敦煌以后的。其中最早的是《唐元和三年（808）戊子岁具注历日》（S-Tib.106），只存四月十二日至六月一日的残片。最晚的是《宋淳化四年（993）癸巳岁具注历》（伯3507）。有明确纪年的则有九件。这些历日与中原历日存在着许多不同。造成这种情况的原因，主要是吐蕃占领敦煌后，敦煌与中原的联系被割断，无法再得到中原王朝统一颁发的历日，只好自行编制历日了。

敦煌所发现的这些历日繁简不一，书写格式也不尽相同。一般来看，比较完整的历日都应包括以下内容：（1）标题；（2）序；（3）历日。其中又包括月序，九方色，上月已过的节气，

[①] 参见邓文宽：《敦煌文献中的天文历法》，《文史知识》1988年第8期。又见《敦煌吐鲁番历日略论》，《传统文化与现代化》1993年第3期。

[②] 苏雅：《北魏历书曾有精确月食预报——敦煌学研究新成果》，《光明日报》1993年7月18日第6版。

天道行向，本月神将所在之位，吉时，日出日入的时辰，日期，干支，五行，建除，月相，节候，岁位、岁前、岁对等及其吉凶，昼夜时刻，人神所在，日游，蜜日（即日曜日）等。其中虽有不少封建迷信色彩，但也有一些是我国人民长期积累下来的科学记录。历日中的简本，有一些就是仅仅摘录了这些精华的，如北宋《淳化四年（993）癸巳岁具注历》（伯3507），其中就没有神将所在、人神、日游等项，而是仅仅摘取了朔日干支、蜜日、月相、节候、祭祀、昼夜时刻等内容。

在敦煌历日发现以前，我国传世的这方面资料很少。这批历日的发现，使人们的眼界大开，使学者们得以从中探索到古代历书的演进发展过程。特别值得提出的，敦煌历日中关于蜜日的记载，标志着源起于基督教的星期制度在当时已传入我国。敦煌历日中，把一星期中的各日依次称作蜜（星期日）、莫（星期一）、云汉（星期二）、嘀（星期三）、温没斯（星期四）、那颉（星期五）、鸡缓（星期六）。这对于研究中外历法交流也有一定意义。

在敦煌文献中还有两幅精美的古代星图，即藏在伦敦的《全天星图》（斯3326）和藏在敦煌市博物馆的《紫微垣星图》（敦博76号）。其中尤为重要的是《全天星图》。据马世长考证[1]，该图大约绘于公元705—710年间，图上绘有1350多颗星，是世界上现存星数最多、也最古老的一幅星图。该图的画法是从十二月开始，按照每月太阳位置的所在，分十二段把

---

[1]《敦煌星图的年代》，《1983年全国敦煌学术讨论会文集 文史·遗书编》(上)。

赤道附近的星利用类似麦卡托圆筒投影的办法画出来的，但却比麦卡托发明此法早900多年。最后再把紫微星垣画在以北极为中心的圆形平面摄影图上。在这以前画星图的方法一直是以北极为中心，把全天的星投影在一个圆形平面上；另一种方法是用直角坐标投影，把全天的星绘在所谓"横图"上。这两种方法都有缺点。为了克服这些缺点，最后只得把天球一分为二，把北极附近的星图画在圆圈上，把赤道附近的星画在横图上。《全天星图》就是按这种方法画的最早的一幅。而且这种画法一直应用到现代，所不同的只是现在又把在南极附近的星再画在一张圆图上。此图的发现不仅表明了我国天文学在当时已处于世界领先水平，并为我国天文学和天文学史的研究，提供了珍贵资料。

敦煌遗书中另一份有关天文方面的重要卷子，是现藏于巴黎的伯2512号。该卷现存四部分内容：残星占，二十八宿次位经，甘德、石申、巫咸三家星经，玄象诗，日月旁气占。成书时间早于唐高祖武德四年（621），是现存星书中最早的写本。其中的三家星经共载内外星官283座、1464星，并详述了五星运行的情况，对同类著作的辑佚和校勘都十分重要。玄象诗则是配合三家星经而作的浅显易懂的五言诗句。主要目的是帮助人们记住天穹上各星座的位置和次序。全篇共264句。其结构是，先从角宿起叙石氏星经，再从角宿起叙甘氏星经，再从角宿起叙巫咸星经。最后再将三家星经合在一起总叙紫微垣。人们只要记住了这些诗句，便能了解全天星官。

类似这样的玄象诗还有伯3589号卷子，但此卷的玄象诗在排列顺序上又进行了调整，不再是将三卷星经分别叙述，而是按照星官的次序依次对照。这一类著作反映了古人对天文星象的认识过程。

敦煌写本中的算书主要有《算表》（伯2490）、《算经》（伯3349，斯19、5779）、《立成算经》（斯930）和《残算书》（伯2667）等。这些都是我国现存算书中最早的写本，为研究中国数学史提供了许多重要资料。例如《算经》和《立成算经》中都曾记录了我国古代算筹的一些基本知识。《立成算经》中的九九表，每句下面都附有筹算数字，如：

九九八十一　　⚏𝍩，直下八十一　　⚏𝍩。

八九七十二　　⚏𝍪，通前一百五十三　　𝍩⚏𝍫。

这是最早应用算筹记数的痕迹。又如《算经》一书中，不仅对十进制有说明，还对万万进制也有说明，其中记载了亿以上的计算单位，如兆、京、垓、秭、穰、沟、涧、正、载、极等。这种进制反映了印度佛教文化对我国古代算学的影响。这些算书中还有多种度量衡单位的记载，如《算经》中介绍面积的计量单位时，曾讲到"方丈曰堵、五尺曰步、六尺为寻、七尺为常、八尺为一仞"。《立成算经》在介绍长度计量单位时，则说："三丈为段、四丈为匹、五丈为缟。"这类材料对于研究我国度量衡制度的发展演变也都很重要。

此外，敦煌算书中还为我们提供了许多当时社会中的政治、经济、军事、文化资料。如《算经》中适应均田制丈量土地的需要，曾列有"均田法第一"的篇目。其他算书中的不少应用题也都是适应社会的需要而编制的，如计算军事编制的、计算口粮的、计算土石方的等。这些又都具有一定的社会史料价值。

雕版印刷术是我国人民的伟大发明，也是我国人民对世界文化的重大贡献。但是雕版印刷术究竟发明于何时，历来说法不一，而敦煌遗书却为我们解决这个问题提供了重要资料。

一般的看法是，雕版印刷术起源于捶拓。敦煌遗书内保存的三种初唐和中唐时代的捶拓本：唐太宗书刘瑕《温泉赋》、欧阳询书《化度寺邕禅师舍利塔铭》、柳公权书《金刚经》，为研究雕版印刷的肇始、原委提供了重要实物资料。以这些拓本参照文献记载，可知中唐时代捶拓法已相当普遍了。捶拓法的广泛应用促进了雕版印刷术的发明。

敦煌遗书中的雕版印刷件大约有四五十件。主要是佛经、佛像和密宗的真言等，同时还有少量的历日和韵书。其中最为引人注目的便是伦敦所藏的咸通九年（868）《金刚般若波罗蜜经》（翟理斯编目8083号）。此经全长约488厘米，由七张纸连接而成，首尾完整。首叶为一幅印画，内容是释迦牟尼在给孤独园说法图，接着便是《金刚经》全文，最后为"咸通九年四月十五日王玠为二亲敬造普施"的题记。这件印本不仅是敦煌印本中年代最早的一件，也是最为完整和精美的一件。其首叶的印画刀法圆熟，线条婀娜多姿；经文字体苍劲有力，用墨浓淡适宜、清晰显明。说明此时雕版印刷技术已经成熟，距其初创阶段已有一定的时间了。

伦敦所藏的《剑南西川成都府樊赏家历》和《上都东市大刁家大印历日》（翟理斯编目8101号）也是两件值得注意的印本。从中可以看出，"剑南西川成都府樊赏家"和"上都东市刁家"是当时两处私人开设的刻印书籍铺，说明当时雕版印刷已经比较普及了。

除了印本实物外，敦煌遗书中还发现了一些与雕版印刷有关的文字资料。如前面提到的《新集备急灸经》，其书题下有"京中李家于东市印"的字样。还有十余卷《金刚经》题记中又都有"西川过家真印本"（如斯5534、5444、5451、5669等）的题记。这些材料对研究雕版印刷术的发展，也有一定意义。

一些学者正是在把敦煌发现的这些资料和其他资料结合起来进行考察后，才确定我国雕版印刷术发明的时间大致是在公元8世纪中叶。

8. 其他民族语言文字资料

敦煌遗书中除了大量汉文资料外，还有相当数量的其他民族的语言文字资料，如古藏文、粟特文、于阗文、焉耆—龟兹文、梵文、回鹘文、希伯来文等。其中数量最多的是古藏文文献。据粗略统计，这些文献在巴黎和伦敦两地各有两千余卷，在北京图书馆有四百多件，在甘肃省的敦煌、酒泉、张掖、武威、兰州等地有万余件（其中有一部分不是出自藏经洞）。此外，俄罗斯、日本也收藏了一些。

这批古藏文文献大部分是吐蕃统治敦煌时期的遗物，也有少数是归义军时期的。它们所包括的内容十分丰富。除了大量的佛经和与佛教有关的文书外，还有许多珍贵的历史文献、社会经济文书、法律条例以及文学著作、医学、星占等方面的材料，对于了解西藏古代的历史，尤其是中世纪时吐蕃的社会状况、敦煌地区的历史、唐蕃之间的关系，乃至西域史、宗教史，都有极高的历史价值。

例如，在古藏文的佛教文献中，有一部分是直接从印度翻译过来的佛经。这两种佛经的风格明显不同。这对于了解佛教在吐蕃的情况，以及中原文化和印度文化对西藏的影响，都很有价值。特别值得提出的是其中一些禅宗的文献，如伯116、117、812、813号等卷子都与公元8世纪时到吐蕃与印度僧人辩论的汉僧摩诃衍有直接关系，反映了摩诃衍之后汉地禅宗在西藏流行的情况。

在藏文的历史文献中，也有许多十分珍贵的资料。如现在分藏在巴黎和伦敦的一份《敦煌古藏文历史文书》（伯252，斯103），记载了从唐高宗永徽元年（650）到唐代宗广德元年（763）凡115年间，吐蕃王国的大事及历代吐蕃赞普的传说和世系，各小邦邦伯、家臣表，并记录了吐蕃的民间传说、神话传说、古代歌谣和一些逸闻趣事。由于它是西藏人记录藏事的第一手资料，因此有许多史实比《新唐书》《旧唐书》等汉文文献的记载要更确切可靠，从而被学者公认是研究藏族古代史、古代语言和古代社会的权威性资料之一[①]。与此卷性质相近似的还有《王朝编年史》《吐蕃大事记》等，也是研究西藏史的相当重要的历史资料。

此外，还有一些卷子直接反映了当时吐蕃的一些政治制度，如伯1089号卷子是一份吐蕃占领沙州时期的职官及其职司一

[①] 参见王尧：《关于敦煌藏文历史文书》，《中国史研究》1980年第3期。

览表，从中可以看到当时敦煌地区设置的各种政治机构与官员情况。又如伯1071、1073、1075三个卷子都是关于吐蕃时期法律条例的文件，反映出当时的吐蕃已有了严格的尊卑贵贱的等级制度，并可看出唐律对吐蕃的影响。再如一些关于驿传制度的文书，对于了解吐蕃时期公文传递的各种规定也极有帮助。

藏文的社会经济文书所包括的内容也很广泛，仅我们现在所知的就有状牒、户籍、田亩册、契约等。它们对于研究吐蕃统治下敦煌地区的社会经济状况有十分重要的价值。

敦煌的藏文卷子中还有一些不属于吐蕃统治河西时代，而是其后归义军节度使时期的，是归义军节度使、甘州回鹘和于阗国相互交往或官府使用的文书，对于研究归义军政权的历史及其与周边民族的关系都很有意义。

藏文卷子中还有一些反映其他民族情况的文献，如伯1283号卷子《北方若干国君之王统叙记》，记载了8至9世纪时中国北方一些民族和部落，如室韦、突厥、奚、百济、契骨、燕然、乌护、契丹、仆固等的情况，既可补汉文史料的不足，又可看出当时吐蕃人的文化和史学水平，以及吐蕃人与周边民族的关系[①]。又如《于阗教法史》（伯960）是敦煌古藏文文献中最著名的卷子之一。此卷叙述了佛教在于阗的流行情况，并记载了于阗信仰佛教时与吐蕃的密切关系，不仅是研究佛教史，也是研究于阗史的极为重要资料。

[①] 参见王尧、陈践：《敦煌吐蕃文献选》，四川民族出版社1983年版。又见王尧、陈践：《敦煌古藏文本〈北方若干国君之王统叙记〉文书》，《敦煌学辑刊》1981年第2期。

藏文卷子中还有一些中国古典著作，如《尚书》《战国策》《易经》《礼记》《论语》《孔子项橐相问书》等的译本，以及一些用汉藏两种文字书写的童蒙教材和汉藏对照字典。这一类写本不仅可以反映吐蕃统治时期敦煌地区的汉藏文化交流十分活跃，而且对研究9、10世纪的汉藏语言有着重要意义。

一些印度古典著作的藏文译本在敦煌写卷中也有发现。其中最突出的是在印度民间广为流传的长篇史诗《罗摩衍那》，它为研究中印文化的交流也提供了重要资料。

敦煌所出藏文写本中，还有一些关于古代藏医学的写卷，如伯1057号《藏医杂疗方》、伯1044号《藏医灸法残卷》，以及藏于北图的《藏文针灸图经》等。《藏医杂疗方》中不仅记载了各种疾病、症状、体征等49种，还记载了130余种药材及多种治疗方法。《藏医灸法残卷》和《藏文针灸图经》写作的年代约为公元8世纪中期。从中既可看到藏医针灸学的独立性，又可看到藏医学与中医学之间的一些联系。

敦煌遗书中所藏于阗语文献，据目前所知，约在120份以上，现在主要分藏在巴黎和伦敦两地。其中最多的也是佛教文献，如《金光明经》（伯3513）、《菩萨行愿赞》（伯3513）、《出生无边门陀罗尼》（伯2855）、《观自在陀罗尼》《观自在赞颂》（伯3510）、《妙法莲华经》（伯2782、2029）、《劫王经》（伯1311）、《礼忏文》（伯3510、3513）、《阿育王传说》（伯2798、2958）、《善欢喜譬喻》（伯2834）、《须达拏譬喻经》（伯2784、2896、2957、2025等）、《般若波罗蜜多经》（伯3515）、《文殊师利化生经》（伯4099）等。这些丰富的佛教经典证实了中古时期中国一些西行求法的僧人，如法显、玄奘等对于阗的佛教发展的记载。通过这些佛教经典，我们还可以比较深入地了解于阗的佛教发展史，譬如早期的于阗佛经都是从梵文直接翻译过来的，因此有不少可以与梵文原经一一对勘。但到唐代，情况却有改变，如伯3513号的《金光明经》和梵文原典的差距已经较大，但却和公元703年汉僧义净在中原地区所译的《金光明最胜王经》极其相似，说明此时的于阗佛教已受到中原的影响。又如晚期的一些于阗文佛经还经过了于阗僧人的缩写、加工或解说，已带有鲜明而独特的于阗风格。这一类佛经和一些于阗人所写的赞文，对我们了解于阗佛教情况都大有帮助。同时，在10世纪初期于阗文佛经的前后，还常常有一些史料价值很高的序或跋，对了解于阗王国的情况，以及于阗和敦煌地区统治者的交往都很有用。

此外，在于阗文卷子中还有一些历史文书，如《使臣奏于阗王奏报》（伯2790）、《于阗王致曹元忠书》（伯5538）、《致金汗书信和奏报》（伯2958）、《致于阗王奏甘州突厥情势》（伯2741）、《沙州纪行》（钢和泰所藏残卷）等。根据这些资料并参照一些其他文书，人们才得以对中古时期的于阗尉迟氏政权有了一个基本认识，不仅弄清了它的世系、国号、年号以及沙州于阗间的交通路程和民族分布情况，还了解到当时西域的一场十分重要的宗教战争，即于阗佛教王国和占据疏勒的大食伊斯兰教徒的对抗情况。

敦煌的于阗文文献中还有一些文学作品，如著名的印度史诗罗摩衍那的故事、阿育王的神话、迦腻色伽的传说，以及一些抒情诗等，对于研究于阗文学和音韵学都是宝贵资料。此外还有一些双语词汇表，如汉语—于阗语词汇、梵语—于阗语词汇、突厥语—于阗语词汇，也都是十分重要的语言文献资料。

敦煌遗书中的回鹘文、粟特文、焉耆—龟兹文、突厥文等资料数量不多。其中的回鹘文资料，有40余件。内容包括佛教文献、摩尼教文献、笔记、诗歌、公私文书和格言集等。摩尼教文献是其中最值得重视的部分。内中不仅有对摩尼教教义的阐述，还有摩尼教的赞歌、忏悔文，及摩尼教神职人员名表。这些资料可以使人们对中世纪时摩尼教的情况，及其在回鹘人中的影响有进一步的了解。回鹘文写本的信件、公文则反映了当时中原王朝与回鹘的关系，以及丝绸之路上各族商人的活动。

粟特文写本也主要是佛经。比较引人注意的是在藏文文献中发现的用粟特文字母拼写的汉语数词一至十。

四、国内外敦煌遗书的收藏和研究情况

迄今敦煌遗书在国外的收藏情况，大致还保持着当初被劫走时形成的格局。法国、英国、俄国、日本是遗书的主要收藏者。收藏在法国的写本目前仍然存放在巴黎的国立图书馆。英国的1973年以前一直存放在英国博物馆和英联邦事务部图书馆，1973年后英国博物馆的藏品移到了新建的英国图书馆。俄国的则藏在圣彼得堡东方研究所分所。收藏在日本的，第二次世界大战以后分别转到了东京国立博物馆的东洋馆和龙谷大学，京都博物馆和一些私人手中也有一些。除这几个国家外，韩国的汉城博物馆、丹麦的哥本哈根皇家图书馆也都有若干收藏。

留在国内的敦煌遗书,仍以北京图书馆所藏最多。此外,敦煌研究院、甘肃省博物馆、敦煌市博物馆、西北师范大学历史系、上海图书馆、天津艺术博物馆、台湾省图书馆、台湾历史博物馆也都有一些。

在国外的敦煌学研究中,日本一直处于领先的地位。早在1909年,日本的一家杂志上就出现了关于藏经洞发现情况的介绍文章。此后,一些学者便以欧洲各国所获文物及大谷探险队带到日本的文书为研究对象,开始了对敦煌和吐鲁番文献的研究工作。当时从事此项研究的主要学者有松本文三郎、狩野直喜、桑原骘藏、内藤湖南、滨田耕作、羽田亨、矢吹庆辉、泷精一、仁井田陞等。主要的研究成果有矢吹庆辉的《三阶教研究》《鸣沙余韵》及《解说》、小岛祐马的《沙州诸子二十六种》、神田喜一郎的《敦煌秘籍留真》及《新编》、羽田亨的《敦煌遗书》活字本和影印本、仁井田陞的《唐宋法律文书之研究》和一批论文。

第二次世界大战后,日本的敦煌学研究进入了迅速发展的新阶段。1953年龙谷大学组成了以石滨纯太郎为首的"西域文化研究会",着手对大谷文书进行整理工作。参加这项工作的前后还有那波利贞、仁井田陞、藤枝晃等人。"西域文化研究会"自1958年至1963年间出版了六册《西域文化研究》,即:《敦煌佛教资料》,《敦煌吐鲁番社会经济资料》上、下册,《中亚古代语文献》,《中亚佛教美术》,《历史与美术诸问题》。每卷收论文和资料、目录若干篇。这六大册尽萃大谷文书之精华,除敦煌资料外,还披露了不少吐鲁番文书资料。

与此同时，日本学者在20世纪50年代和70年代还分别得到了斯坦因所劫掠的，以及北京图书馆所藏敦煌文书的缩微胶片。为了充分利用和研究这些资料，1957年由东洋文库发起，在东京又成立了"东洋文库敦煌文献研究委员会"。在日本文部省的资助下，该会着手进行全部敦煌文书的整理工作，参加者有铃木俊、池田温、菊池英夫、土肥义和、吉冈义丰等人。从1964年到1971年间先后出版了四册《西域出土汉文献分类目录》。其中第一、二册为《非佛教文献之部·古文书类》，第三册为《道教之部》，第四册是《文学文献之部》，每条目录均列文书名称、各藏家编号，个别条目还有文书内容摘记，同时将相关的重要研究论文也附在各目录之下。这部工具书分类详明，征引丰富，甚为研究家推崇，特别是收录了一些当时罕见的大谷文书和伯希和文书的片段，有很高的使用价值。

这时期日本已形成了一支颇具规模的敦煌吐鲁番学的研究队伍。他们的研究工作所涉及的范围较广，但比较集中的是关于社会经济史和法制史文书的研究，以及通俗文学资料的研究和佛教的研究。20世纪50年代比较突出的成果有仁井田陞多卷本《中国法制史研究》、山本达郎《唐代均田制的研究》、冢本隆善《敦煌佛教史概况》。60年代发表的重要作品有藤枝晃《吐蕃统治时期的敦煌》《敦煌千佛洞的中兴》、西村元祐《中国经济史研究》、竺沙雅章《敦煌的僧官制度》、上山大峻《昙旷与敦煌的佛教学》、前田正名《河西历史地理学研究》、长泽和俊《敦煌》。五六十年代林谦三先后发表的《敦煌琵琶谱的解读研究》《敦煌琵琶谱的解读》，对解读敦煌曲谱作了开创性的工作。

20世纪70年代以来，日本的敦煌学研究进入了深入发展的阶段，根据敦煌和吐鲁番出土文书来探讨我国隋唐时期社会经济的著述占了很大比重。如池田温《中国古代籍帐研究》、堀敏一《均田制研究》、日野开三郎《唐代租庸调研究》等。80年代中期，又陆续出版了由榎一雄、西嶋定生、菊池英夫、曾我部静雄等数十人参加编纂的13卷本的《讲座敦煌》。与此同时，龙谷大学小田义久教授还主持编纂了《大谷文书集成》。此书系统全面地刊出了大谷文书的全貌，较五六十年代《西域文化研究》时代的整理方法又进了一步。《敦煌吐鲁番社会经济史文书》丛刊在众多学者的努力之下，也在陆续出版中。

特别值得注意的是，在日本一批年轻的敦煌学者也已经成长起来，如森安孝夫、熊本裕、高田时雄、武内绍人、吉田丰等。他们于1983年4月成立了一个"青年敦煌学者协会"，利用各自的专业优势，有计划地进行敦煌文献的研究工作，已取得了不少成就。

关于俄国人当年劫去的敦煌文书，第二次世界大战前，只有弗鲁格在1934年和1935年发表了《苏联科学院东方研究所收藏汉文写本（非佛经之部）简报》和《苏联科学院东方研究所收藏汉文佛经古写本简目》，但没有透露多少具体内容。在很长时间内，除了个别日本学者见到过其中的个别卷子外，人们对这批文书几乎一无所知。直到1957年，苏联科学院才邀请我国学者郑振铎去协助青年汉学家孟列夫等三四人整理编目。1960年莫斯科举行的第25届国际东方学家大会期间，列宁格勒分所才首次陈列展出若干敦煌文书。1963年出版了孟列夫等人编的《亚洲民族研究所敦煌特藏汉文写本解说目录》第一卷，收1707件文书的目录及提要。1967年出版目录第二卷，编号是1708—2954。虽然这两本目录所收卷号数目只相当于全部特藏的三分之一，但实际上已包含了绝大多数最有价值的较完整的写卷。

其第一卷目录中的第1—1415号是佛经；1416—1513号是儒、道、史学、律令、文学；1514—1515号是碑铭；1516—1530号是字汇、千字文、难字课本；1531—1534号是绘画、印刷品、非汉文铭记；1535—1544号是医方、历法、天象；1545—1559号是卜辞、书帖、习字；1560—1581号是普通经济文书；1582—1627号是寺院文书；1628—1662号是官府文书；1663—1684号是书信；1685—1707号是抄件、书目、藏经题记。其中1481号是《孔子项橐相问书》残卷，1570号《建中三年三月二十七日□百姓□田春苗历》、1585号《庚申年十一月二十三日僧正道深见分付常住牧羊人羊抄》、1537号记载针灸部位的医书残卷，都有重要的科学价值。第二卷目录中第1708—2808号是佛经；社会文书只有第2897—2931号35件。

俄国的编目中有互相重复的，又混有一些吐鲁番及黑城出土的文书，而提要中又没有标明获得文书的时间地点，因此使用时须格外注意。

俄国学者在敦煌学方面的论著不多，主要有孟列夫的《维摩诘经变文·维摩碎金·十吉祥》《报恩经变文》《敦煌所出汉文写本佛教俗文学》等书和几篇文章。专门致力于敦煌世俗文书研究的丘古耶夫斯基也曾写了《敦煌所出释奴文书残叶》《敦煌汉文借粟文书》《敦煌所出借贷文书》《有关敦煌粟特人聚落的新史料》《敦煌寺院经济文书》《敦煌寺院的农奴》《敦煌汉文文书》等著作。《敦煌汉文文书》的第一册《官府文书和经济文书译注》中引用了俄国所藏敦煌文书的87号，拼成73件文书。计分户别田籍文书21件；租佃纳粟税役等文书15件；寺院僧尼籍等文书18件。此书的第二册和第三册分别搜集了有关居民生活、农村组织、经济关系方面的文书和有关当局法令信件、地区历史方面的文书。但目前在俄国从事敦煌学研究工作的人极少，且后继无人，所以编目工作与研究工作进展都较慢。

斯坦因本人没有直接研究汉文文书的能力，所以他先后将自己在1900—1901、1906—1908、1913—1916年三次从我国劫去的汉文简牍和文书，包括敦煌简牍文书都交给沙畹考释。替沙畹整理材料的中国人张凤，以及为沙畹审订书稿的王国维、罗振玉分别编印了《汉晋西陲木简汇编》和《流沙坠简》等书。1917年沙畹去世前又将斯坦因第三次劫去的汉文文书照片交给他的学生马伯乐。1953年马伯乐的遗作《斯坦因第三次中亚探险所获汉文文书》在伦敦出版。与此同时，英国博物馆东方刊本写本部保管员翟理斯也从1919年开始，用了38年的时间，对斯坦因劫走的汉文文书进行了编目工作，终于在1957年在伦敦出版了《不列颠博物馆馆藏敦煌汉文写本解题目录》一书。此目录共列8102条，分为佛教典籍、道教典籍、摩尼教典籍、世俗文书、刻印文书等部。此外，比利时人瓦累、图散还编了《英联邦事务部图书馆藏敦煌藏文写本目录》。此目录后面所附《英藏敦煌藏文写本中的汉文书目录》是日本学者榎一雄编的。英国人自己整理藏文书的主要成果是托马斯编译的《中国西域吐蕃文书集》，介绍了藏文文书中的许多材料。剑桥大学的贝利则对于阗文文献进行了全面收集与整理，并转写刊布在《于阗语文书集》和《于阗语佛教文献》中。

英国研究敦煌文书的学者还有魏礼，1960年著《敦煌的歌谣和俗讲》。《剑桥中国史》的主编之一特威切特也曾发表过《敦煌发现唐水部式残卷》《寺院与中国中古时代经济》《唐朝财政管理》《敦煌唐格残卷札记》等论著，他是当代英国敦煌学的代表人物。

法国的敦煌学研究在欧美一直处于领先地位。伯希和曾给被他所劫去的敦煌汉文文书编过一个目录，是从第2001号起到3511号（前2000号留给藏文卷子），但很不完整。1952年到1953年谢和耐和吴其昱又对这份目录的第2001号到2500号进行了整理，直到1970年才作为《巴黎国立图书馆所藏伯希和敦煌汉文写本目录》的第一卷正式出版。1973年法国国立科学研究中心和法兰西高等研究院联合成立了"敦煌文献研究组"，继续从事编目珍贵写本的影印工作。由左景权和隋丽玫编写了伯希和汉文写本目录的第二卷（2501—3000号），苏远鸣等编写了第三卷（3001—3500号）和第四卷（3501—4000号）。目前，第三、四卷均已出版，第二卷却迟迟未能面世。

伯希和本人还曾利用敦煌文献中的汉、藏、回鹘、粟特等多种语言的写本进行了学术研究。1920—1924年，他还发表了六卷本《敦煌石窟》图册。但他的许多著作在生前都没有发表，直到1945年去世后，才由弟子韩百诗主持整理其遗著，70年代后陆续出版了《集美博物馆和国立博物馆所藏敦煌丝织品》《集美博物馆所藏敦煌绢幡绘画》的解说和图版各一册，以及五册《伯希和敦煌石窟笔记：题记与壁画》等，为研究者提供了丰富的敦煌文物和文献资料。

伯希和的另一位弟子戴密微则在敦煌汉文写本的研究方面做出了卓越贡献。他除了写有一些关于敦煌俗文学与佛典研究方面的著作外，最重要成果则是《吐蕃僧净记》。该书是世界敦煌学的名著。书中的第一部分是对伯4646《顿悟大乘正理诀》的译注，分析了在吐蕃赞普墀松德赞主持下，汉僧摩诃衍和印度僧莲华戒进行的关于禅的一次大辩论，是一卷极为重要的历史和宗教文献。第二部分是史料疏义，主要研究了有关唐蕃关系的一批敦煌汉文写本，包括汉文诗词，这部著作对于唐史、吐蕃史、西域史、宗教史都有很高的参考价值，在国际学术界引起了很大的反响，现已译成汉文，由甘肃人民出版社出版。

戴密微的学生谢和耐也是法国著名的敦煌学者。他曾发表了《从敦煌写本中的契约看中国9—10世纪的专卖制度》《敦煌写本中的一道缓税请牒》《有关在敦煌旅行中租骆驼的契约》等论文及《荷泽神会大师遗集》《中国5—10世纪的寺院经济》等专著。后者也已译成汉文出版。法国学者一直是把戴密微的《吐蕃僧净记》和谢和耐的《中国5—10世纪的寺院经济》两书并列为法国敦煌学的两大代表作的。

其他法国敦煌学的主要著作有苏远鸣的《孔子项橐相问

书》、苏远鸣和吉冈义丰合著的《道教研究》、梅弘理的《〈佛法东流传〉的最古老文本》、戴仁的《对标有时间的敦煌文本写本的纸张和字体的研究》、隋丽玫的《巴黎国立图书馆藏敦煌写本题记分年初录》、魏普贤的《刘萨诃和莫高窟》等。

法国对敦煌写本的研究主要侧重于宗教和俗文学两个方面。在通过对纸张、字体、书写规格、折叠装帧方式的研究帮助断代方面，也取得了一些成就。

法国研究敦煌藏文写本的学者，早期的代表人物是巴科。1940 年他与图散、托马斯合写了《中国西域吐蕃历史文书集》，首次发表了《吐蕃王室世系牒》等重要文书。1956 年，他在《八世纪五位回鹘使节对高地区亚洲北部的考察》一文中又发表了伯希和敦煌藏文写本第 1283 号，即《北方若干国君之王统记》，引起轰动。拉露是又一位对推动敦煌藏文写本研究起很大作用的学者，她除编写了一卷共 2216 号的《国立图书馆所藏敦煌藏文写本注记目录》外，还写了《有关中国禅宗发展的藏文文献》等 80 多种西藏学方面的著作。

法兰西学院名誉教授石泰安是当代法国研究敦煌藏文写本的代表人物，作品有《汉藏走廊古部族》《西藏文明》等，都是世界名著。1969 年他在国际敦煌学讨论会上发表的《圣神赞普各名号考》一文中，论证了唐朝在 8、9 世纪时对吐蕃的影响要超过印度。斯巴尼安（麦克唐纳夫人）的《敦煌吐蕃历史文书考释》进一步论证了松赞干布之前的吐蕃古代史，解释了吐蕃民族、政治、文化起源的许多问题，被认为是划时代的作品。

法国研究伯希和敦煌写本中的回鹘文、于阗文本的主要学者是国立科学研究中心的哈密顿。他继承沙畹、儒连的传统，早年所撰《五代回鹘史料》为沙畹《西突厥史料》的姊妹篇。近年又撰有《851—1001年间于阗王统系》《9—10世纪敦煌回鹘文写本汇编》等论文与专著。

国内对敦煌文献的研究，自1909年以来，大致可分为四个时期。

第一个时期是从1909—1924年。这时期的主要工作是刊布了一批敦煌文献。这批文献主要辑录在罗振玉的《敦煌石室遗书》《鸣沙石室佚书续编》《鸣沙石室古籍丛残》《敦煌零拾》以及王仁俊的《敦煌石室真迹录》，蒋斧的《沙州文录》《沙州文录补》等八种书籍中，共200余件。多数是伯希和的劫品，也有一小部分斯坦因的劫品。其内容除了一部分佛教、道教、摩尼教的经典外，大部分为古写本的四部书，学术价值主要表现在古籍校勘方面。此外也有少数社会经济、通俗文学资料，《唐水部式》《神龙散颁格》、韦庄《秦妇吟》以及《沙州图经》等是这批文献中的精华。这一阶段的研究工作主要是考证文献本身，为文献作跋或提要。只有王国维的《敦煌发见唐朝之通俗文及通俗小说》、罗振玉的《补唐书张议潮传》《瓜沙曹氏年表》、孙毓修的《唐写本公牍契约考》等几篇文章，是以敦煌文献配合其他史料来研究历史、文学方面问题的。

在这一阶段中，佛学专家李翊灼依据北图所藏敦煌卷子编的《敦煌石室经卷中未入藏经论著述目录》，是我国敦煌学的重大成果之一。王重民先生曾评价此书说："这一目录打开了研究敦煌佛经的门径。随后日本的佛教团体和佛学专家就在这一目录的指导下，利用伦敦、巴黎和日本国内收藏家所藏的敦煌遗书，经过十多年的努力，校订出了二百种以上的古逸经和疑似经，在1924—1928年间，编入《大正新修大藏经》的第八十五卷内，给佛经注入了新的资料，引起了佛学研究者的极大注意。"①

从1925—1948年，为我国研究敦煌文献的第二时期。这时期，我国一些学者已不再满足于伯希和所提供的少量写本，而是亲赴巴黎、伦敦去抄录和拍摄敦煌文献。首先从事这项工作的是刘复。1925年刘复在巴黎图书馆根据原卷抄录了104种敦煌文书，辑为《敦煌掇琐》。这些文书大部分是我国学者前所未见的，而且其内容也完全超出了四部书的范围。其中包括民间文学资料、语言文字资料、社会经济资料以及官府文书等，不仅使研究者开阔了眼界，而且增加了新的研究领域。继刘复之后，从1934年起，向达、王重民、于道泉、姜亮夫、王庆菽等也相继去巴黎和伦敦抄录和拍摄敦煌文书。在我国拥有敦煌文献的缩微胶卷以前，这是我国研究者使用的敦煌资料的主要来源。

与此同时，北京图书馆所藏的敦煌写卷也开始得到利用。其标志便是陈垣《敦煌劫余录》和许国霖《敦煌石室写经题记与敦煌杂录》的问世。

陈垣的《敦煌劫余录》是我国学者编纂的第一部大规模的关于敦煌文献的目录书。此书系统整理了藏于北图的8679卷

---

① 《敦煌遗书总目索引》后记，中华书局1983年版。

文书目录，记录了每卷的起讫、纸数、行数、题记及卷子残缺情况。此书的编纂对我国敦煌文献的研究起了很大作用，极大地方便了学者们的研究工作。许国霖的《敦煌石室写经题记与敦煌杂录》则辑录了400多条北图所藏敦煌写经题记和一批契约与其他文书，是研究唐代社会经济乃至整个社会历史的重要资料。

这时期我国学者对敦煌文献的研究方法也由考证文献本身，写作简单的序跋、提要，变为利用新资料，采用科学方法来进行多种研究，如归义军历史的进一步研究，唐代法制文书的研究，唐代俗文学的研究，文字音韵学的研究，中国古代科学技术史的研究，唐代地志的研究等。

1949年以后，我国敦煌文献的研究便进入了第三时期。一批颇有质量的关于敦煌文献方面的著作陆续问世。其中，综述方面的主要有王重民的《敦煌古籍叙录》，姜亮夫的《敦煌——伟大的文化宝藏》；语言文学方面的，则有王重民的《敦煌曲子词集》，任二北的《敦煌曲初探》《敦煌曲校录》，周绍良的《敦煌变文汇录》，姜亮夫的《瀛涯敦煌辑韵》，以及王重民、向达、周一良、启功等人合编的《敦煌变文集》，蒋礼鸿的《敦煌变文字义通释》等；社会历史经济方面的有中国社会科学院历史研究所资料室编的《敦煌资料》第一辑。此外还有一批研究论文。

这一时期中尤其值得提出的是由王重民、刘铭恕等先生合编的《敦煌遗书总目索引》。这部索引中包括了北图所藏敦煌遗书简目、斯坦因劫经录、伯希和劫经录、敦煌遗书散录四部目录，是我国学者所编的一部较为完全、较为准确的工具书，反映了半个多世纪中我国敦煌文献的研究成绩，至今仍是每个敦煌学者案头必备的书籍。

1966 年开始的"文革"，使正在蓬勃发展的敦煌文献研究工作中止了。这时期的敦煌学研究领域也和其他学术领域一样，完全陷于停顿状态。直到 1976 年，敦煌学的研究园地才又出现了一片欣欣向荣的新气象。从此，我国的敦煌学研究工作便进入了第四时期。

在这一时期，最重要的事情是 1983 年 8 月中国敦煌吐鲁番学会的成立。从此学会担负了全国敦煌吐鲁番研究的组织与协调工作。从学会成立迄至现在（1993 年，编者注），学会或其下属分会已经召开了十余次不同规模的学术讨论会，并由学会秘书处负责组织出版了《中国敦煌吐鲁番学研究通讯》，及时向会员通报各种学术动态。并在北京、兰州、乌鲁木齐等地筹建了资料中心。与此同时，学会还担负了组织出版敦煌吐鲁番的研究丛书、资料丛书和译丛等工作。已经问世的主要有《1983 年全国敦煌学术讨论会文集·文史·遗书编》（上、下）及《石窟·考古编》和续编、《敦煌吐鲁番文集》《敦煌吐鲁番学研究论文集》，以及译丛中的《中国 5—10 世纪的寺院经济》（谢和耐著，耿升译）、《敦煌吐鲁番论著目录初编》（西文部分）、《中国敦煌吐鲁番学会著述资料目录索引》及续编等。语言文学分会还出版了《敦煌语言文学研究》等书。

学会还建立并扩大了与国外学术界的联系与交流。除邀请多位外国敦煌学家来华参加学会活动外，还和中国社会科学院历史研究所一起，与英国国家图书馆、英国伦敦大学亚非学院合作，编辑了《英藏敦煌文献》这部大型图集。同时还协助了圣彼得堡所藏敦煌文献在上海古籍出版社的出版。我国敦煌学界与世界各国的学术交流也十分活跃，取得了积极成果。

与学会所进行的这些活动同时，敦煌古文献编辑委员会也启动了《敦煌古文献》这样一部大型的综合性资料丛书的编辑工作。学会组织编写了世界首部《敦煌学大辞典》，由上海辞书出版社出版。

在这个时期，我国不但有了专门的敦煌学方面的刊物，如由敦煌研究院主办的《敦煌研究》，由兰州大学主办的《敦煌学辑刊》，还出版了不少论文集和专著，如北京大学的《敦煌吐鲁番文献论文集》一至六辑，武汉大学的《敦煌吐鲁番文书初探》及二编，敦煌研究院的《敦煌学论文集》《敦煌译丛》，沙知、孔祥星主编的《敦煌吐鲁番文集》，韩国磐主编的《敦煌吐鲁番出土经济文书研究》，唐耕耦的《敦煌社会经济文书真迹录》（第一辑），姜伯勤的《唐五代寺户制度研究》，宋家钰的《唐朝户籍法与均田制度研究》，姜亮夫的《敦煌学论文集》，张锡厚的《王梵志诗校辑》，张鸿勋的《敦煌讲唱文学作品选注》，任半塘（二北）的《敦煌歌辞总编》，王庆菽的《敦煌文学论文集》，周绍良等的《敦煌文学作品选》，项楚的《敦煌变文选注》《敦煌变文丛考》《王梵志诗校辑》，颜廷亮等的《敦煌文学》《敦煌文学概论》，郭在贻等的《敦煌变文集校议》等。

在藏文文献研究方面，成绩也十分卓著。王尧和陈践二位先生通力合作，陆续出版了《敦煌吐蕃文献选》《吐蕃简牍综录》等书，并发表了一定数量的研究文章。目前他们正在进行一项藏文卷子的编目工作。

敦煌文书中的医学文献也得到了有关学者们的注意，并相继出版了《敦煌医粹——敦煌遗书医药文选校释》《敦煌古医籍考释》《敦煌中医药学集锦》等。

更为重要的是，在敦煌学的研究领域中，我们不仅有相当数量的世界一流的高水平的老专家，还涌现了一大批功力深厚的中年学者，培养了一批有希望的优秀的青年学者，这正是中国敦煌学研究事业兴旺发达的标志。

与此同时，我国港台地区的敦煌学研究近年来也取得了不少成就。1974年，香港出版了《敦煌学》辑刊。台湾也着手编辑出版了《敦煌宝藏》和《敦煌丛刊》两套大型的敦煌学丛书。其中《敦煌宝藏》为大型的敦煌写本影印本，由黄永武主编，共140册，已全部出版。这两个地区著名的敦煌学专家潘重规、苏莹辉、黄永武、饶宗颐等，除了本人致力于敦煌学的研究著述外，还培养起了一批中青年学者。

总之，我国的敦煌学正处在一个前所未有的兴盛时期。在这个领域中，只要脚踏实地地走下去，我们必将创造出无愧于我们祖先的光辉业绩！